# MARCO POLO

Reisen mit
**Insider Tipps**

# OSLO

W0058431

*Europäisches Nordmeer*

*ATLANTISCHER OZEAN*

SCHWEDEN

NORWEGEN

FINNLAND

Helsinki

Oslo · Stockholm

ESTLAND

GROSS-BRITANNIEN

LETTLAND

DÄNEMARK

LITAUEN
RUS

DEUTSCH-LAND

NL

PL

Hamburg

## MARCO POLO Autoren
## Thomas Hug und Jens-Uwe Kumpch

Der eine ist Schweizer, der andere Norddeutscher. Der Liebe wegen landeten beide in Norwegen, Thomas Hug (o.) in Oslo, Jens-Uwe Kumpch (u.) in Bergen. Sie kennen sich von Recherchereisen, teilen ihre Begeisterung für das Land. Thomas arbeitet u. a. für Onlinemedien und den Hörfunk, Jens-Uwe als Übersetzer und Buchautor. Bei der gemeinsamen Arbeit haben sie wieder viel Neues in Oslo entdeckt.

www.marcopolo.de/oslo

Die besten Insider-Tipps → S. 4

INSIDER TIPP

Best of ... → S. 6

Sehenswertes → S. 26

Essen & Trinken → S. 50

**SYMBOLE**

INSIDER TIPP ▶ Insider-Tipp

★ Highlight

● ● ● ● Best of ...

☼ Schöne Aussicht

☺ Grün & fair: für ökologische oder faire Aspekte

(*) kostenpflichtige Telefonnummer

**PREISKATEGORIEN HOTELS**

€€€ über 150 Euro

€€ 100 – 150 Euro

€ unter 100 Euro

Die Preise gelten für ein Doppelzimmer pro Nacht mit Frühstück

**PREISKATEGORIEN RESTAURANTS**

€€€ über 30 Euro

€€ 20 – 30 Euro

€ unter 20 Euro

Die Preise gelten für ein Hauptgericht ohne Getränke

Titelthemen: Picknick auf dem Eisberg S. 46 | Frischer Wind aus Grønland S. 16, 44

# INHALT

Einkaufen → S. 58

Am Abend → S. 64

Übernachten → S. 70

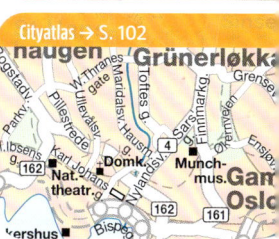
Cityatlas → S. 102

## GUT ZU WISSEN
Richtig fit! → S. 22
Entspannen & Genießen
→ S. 33
Sportliche Leidenschaften
→ S. 49
Gourmettempel → S. 54
Spezialitäten → S. 56
Luxushotels → S. 74
Was kostet wie viel? → S. 94
Bücher & Filme → S. 95
Wetter in Oslo → S. 96
Währungsrechner → S. 97

## KARTEN IM BAND
(104 A1) Seitenzahlen
und Koordinaten verweisen
auf den Cityatlas
(0) Ort/Adresse liegt außerhalb des Kartenausschnitts
Es sind auch die Objekte mit
Koordinaten versehen, die
nicht im Cityatlas stehen
Einen Liniennetzplan der
öffentlichen Verkehrsmittel
finden Sie im hinteren Umschlag

## UMSCHLAG HINTEN:
## FALTKARTE ZUM
## HERAUSNEHMEN →

**FALTKARTE** 📖
(📖 A–B 2–3) verweist auf
die herausnehmbare Falt-
karte

# Die besten MARCO POLO Insider-Tipps

**Von allen Insider-Tipps finden Sie hier die 15 besten**

**INSIDER TIPP ▶ Built in Norway**

Die Norweger sind stolz auf ihre Holzbauarchitektur – im Arkitekturmuseet sehen Sie, warum. In Oslos ehemaliger Zentralbank durchlaufen Sie drei Epochen nordischer Baukunst → S. 37

**INSIDER TIPP ▶ Sonnenuntergang verkehrt**

Was Stadt alles kann: Wer am Monolithen im Vigelandsparken zu späterer Stunde gen Osten blickt, der sieht dort die Sonne untergehen – in den Fassaden der Häuser → S. 42

**INSIDER TIPP ▶ Auf Ruinen gebaut**

Minneparken: Wo heute der Bischof residiert, lag schon im Mittelalter Oslos geistiges Machtzentrum → S. 44

**INSIDER TIPP ▶ Klein Ida**

Das Fossil der 60 cm großen Primatin im Naturhistorisk Museum gilt als Bindeglied in der Entwicklung vom Tier zum Menschen → S. 46

**INSIDER TIPP ▶ Zum Picknick auf dem Eisberg steigen**

Sie wollen hoch hinaus, aber ganz ohne Risiko? Das Dach des neuen Operahuset ist ein exzellenter Platz für eine Mahlzeit mit Blick auf den Fjord und das zukünftige Zentrum Oslos → S. 47

**INSIDER TIPP ▶ Der kleine Bruder und die Erotik**

Emanuel-Vigeland-Museum: Das Fresko im Mausoleum des jüngeren Bruders Gustav Vigelands ist eine große Hommage an die Renaissance und die Erotik. Sollten Sie erröten – kein Problem, das Licht ist schummrig → S. 47

**INSIDER TIPP ▶ So köstlich wie der große Bruder**

Dr. Kneipp's Vinbar ist die kleine Schwester des Markveien Mat & Vinhus und der richtige Ort für ein Glas guten Weins und leckere Mahlzeiten. Wie schön, dass die auch noch weniger kosten als bei der Verwandtschaft (Foto o.) → S. 53

# BEST OF ...

## TOLLE ORTE ZUM NULLTARIF
### Neues entdecken und den Geldbeutel schonen

● *Kunstvolles Bummeln*
Gustav Vigelands Skulpturensammlung unter freiem Himmel lockt Millionen Besucher an – nicht, weil sie kostenlos ist, sondern weil der Vigelandpark mit den monumentalen Figuren schwer beeindruckt → **S. 41**

● *Wechsel der Königswächter*
Auf dem Platz vorm Königlichen Schloss können Sie täglich um 13.30 Uhr die Wachablösung verfolgen. Während normale Angestellte sich lässig in die Mittagspause verabschieden, wechseln des Königs Leibwächter nach strengen militärischen Regeln den Dienst (Foto) → **S. 32**

● *Von ganz oben auf die Stadt blicken*
Wer sich traut, den gläsernen Fahrstuhl hinauf in den 34. Stock des Plaza Hotels zu nehmen, wird reich belohnt. Oben bietet die *34 Skybar* eine der besten Aussichten auf Oslo. Und das ganz umsonst → **S. 40**

● *Konzerte vorm Rathaus*
Wenn man fürs Konzert nichts zahlen muss, klingt die Musik gleich doppelt so gut. Das Ganze dann noch unter freiem Himmel in lauer Nacht? Perfekt! Den ganzen Sommer steigen z. B. auf dem Platz vor Oslos Rathaus immer wieder Gratiskonzerte – mit Rock, Pop oder Folk → **S. 68**

● *Spazierdach am Fjord*
Architektonisches Meisterwerk mit sozialdemokratischer Note: Jeder soll das Opernhaus, den Prachtbau aus weißem Marmor, nutzen können. Sie bummeln auf das Dach hinauf, suchen sich eine ruhige Ecke, packen Ihr Lunchpaket aus und genießen kauend den Blick über Stadt und Fjord → **S. 47**

● *Ein kühles Bad*
... mitten in der Stadt nehmen? Kein Problem! Unterhalb des Nydalsdamms staut sich der Fluss Akerselva zu einem Teich, die umliegenden Liegewiesen sind der perfekte Ort, um Ihre müden Glieder nach anstrengendem Sightseeing ruhen zu lassen – ganz ohne Eintritt → **S. 80**

### ● *Rasant auf die Schanze*

Elegant ragt die geschwungene Holmenkollen-Schanze über den Hang hinaus – Mittelpunkt eines prachtvollen Skistadions, Wahrzeichen Oslos und Herz des norwegischen Nationalsports. Der ultraschnelle Fahrstuhl bringt Sie fast so schnell auf den Turm mit der unübertroffenen Aussicht hinauf, wie die Schanze die Skifahrer hinunter → S. 48

### ● *Lesen und gelesen werden*

Neben den Isländern sind die Norweger das literaturhungrigste Volk der Welt, und Oslo ist stolz darauf, ein richtiges Literaturhaus zu haben. Hier gibt es Dichterlesungen und Kulturdebatten, vor allem aber ein feines Szene-Café, in dem viele mittlerweile mit einem I-Pad vor der Nase sitzen → S. 67

### ● *Norwegische Gourmettraditionen*

Im Olympen Mat & Vinhus finden außer dem großen Stammpublikum auch neugierige und hungrige Besucher Platz, werden mit exzellentem Norwegischen wie Rentierfleisch und Heringshappen verwöhnt (Foto) → S. 57

### ● *Mittsommernacht im Park*

Mitten in der Stadt können Sie im Frognerpark die weiße Nacht ausgiebig und mit lauter Osloern bei Gläserklirren und Gitarrenklängen feiern. Um den Monolithen, Mittelpunkt der Vigeland-Skulpturenlandschaft, drängen sich Schaulustige, die das farbige Resttageslicht und zu früher Stunde den Sonnenaufgang sehen wollen → S. 86

### ● *Durch die Augen der Kinder sehen*

Im kinderfreundlichen Oslo richtete man sogar ein *Museum für Internationale Kinderkunst* ein: lauter Varianten kindlicher Form- und Farbgebung, die ganze Welt durch die Augen der Kinder gesehen. Und alles zum Mitmachen. Erwachsene dürfen nur zuschauen → S. 84

### ● *Herr Nilsen macht Musik*

Oslo ist Jazzhochburg und die Jazzkneipe *Herr Nilsen* so etwas wie ihr Herz. Hier erleben Sie fast jeden Abend traditionellen Jazz – live und auf hohem Niveau. In den Pausen gibt's Bier, Erinnerungen, Ausblicke und reichlich Fachsimpeleien → S. 68

**TYPISCH**

# BEST OF ...

**REGEN**

### Selber kneten
Ihre eigene Keramik können Sie in der Werkstatt von *Glazed & Amused* herstellen. Zwei Stunden lang heißt es kneten, in Farben schwelgen und viel Spaß haben → **S. 62**

### Endstation Kaffeehaus
Überrascht Sie im Frognerpark der Regen, sollten Sie das kleine Kaffeehaus *Valkyrien Te & Kaffe* an der Endstation der Straßenbahn ansteuern. Wenig Platz, aber viel Fensterfläche und Düfte aus fernen Ländern. Manche behaupteten, hier gäbe es den besten Kaffee Oslos → **S. 52**

### Auf die Museumsinsel
Auf der Halbinsel *Bygdøy,* die Sie mit einem kleinen Fährschiff erreichen, durchschreiten Sie trockenen Fußes die bewegte Geschichte der norwegischen Schifffahrt. In den spannenden Museen können Sie den Einmaster von Roald Amundsen ebenso bestaunen wie originale Wikingerschiffe (Foto) → **S. 80**

### Kunst-Kooperative
Im *Kunstnerforbundet* gibt's in wechselnden Ausstellungen bildende Kunst und Kunsthandwerk von mehr als 300 norwegischen Künstlern zu sehen – und zu kaufen → **S. 59**

### Unterwegs mit der Linie 12
Die Straßenbahnlinie 12 bringt Sie trockenen Fußes von Majorstuen am Frognerpark zum Stadtteil Kjelsås im Norden. Zwischen den Haltestellen Sanatoriet und Glads vei haben Sie einen traumhaften Blick über die Stadt und den Oslofjord nach Süden → **S. 23**

### Trocken shoppen
Das sehenswerte Traditionskaufhaus *Steen & Strøm* lockt mit norwegischen und internationalen Marken. Ist die Kreditkarte ans Limit gebracht, lohnt der Abschluss in der Brasserie in der 6. Etage → **S. 60**

# ENTSPANNT ZURÜCKLEHNEN
## Durchatmen, genießen und verwöhnen lassen

● **Glamour von gestern**
Wer in Oslo etwas auf sich hält, nimmt Lunch oder Drink in der Bar des Hotel Bristol. Sinken Sie tief in einen der Chesterfieldsessel, greifen Sie hinter sich ins prall gefüllte Bücherregal oder lauschen Sie einfach nur den dezenten Pianoklängen – was für ein Leben! → S. 74

● **Das Herz der Stadt**
Im Winter eine Eislaufbahn, im Sommer kleiner Park mit vielen Bänken. Eingeklemmt zwischen Karl Johan, Nationaltheater und dem Parlament Stortinget liegt der kleine Platz *Studenterlunden*, der sich bestens zum Ausruhen und „Nur-Gucken" eignet → S. 28

● **Waffeln im Hühnerhaus**
Je weiter Sie den Fluss Akerselva hinaufkommen, desto stiller und ländlicher wird es. Irgendwann erreichen Sie einen Wasserfall und ein rot gestrichenes Haus. In *Hühner-Lovisas Haus* lassen Sie sich eine leckere norwegische Waffel schmecken und schalten einfach ab – klick! → S. 80

● **Viel Holz am Holmenkollen**
In der Hotelbar vorm Kamin, in der luxuriös ausgestatteten Spa-Abteilung, in den Speisesälen mit viel Holz – im *Holmenkollen Park Hotell* können Sie sich rundum verwöhnen lassen → S. 72

● **Frascati am Fjord**
Im Strandrestaurant *Hukodden* trinken Sie zum Sonnenuntergang ein Glas kühlen Weißweins und genießen das nordische Sommerlicht über dem Oslofjord, das hier besonders intensiv scheint → S. 33

ENTSPANNT

● **Pause im Asyl**
Mitten in der Stadt und doch ländlich idyllisch: Im Innenhof des Restaurants *Asylet* können Sie sich mit einem Bier, einem Snack und einem Buch zurückziehen und den Trubel der Hauptstadt buchstäblich links liegen lassen. Weil's unter freiem Himmel ist, darf hier sogar eine Zigarette schmecken (Foto) → S. 55

AUFTAKT

# ENTDECKEN SIE OSLO!

Die meisten Besucher kommen mit dem Schiff nach Oslo, schleichen sich vom Wasser her an die Stadt heran, die zwischen grün gekleideten Hügeln ihren Platz gefunden hat. Ihre Skyline ist ein Sammelsurium: Containerhafen auf der einen Seite, Segelhafen auf der anderen. Dazwischen das im Sonnenlicht funkelnde neue Opernhaus, auf einer Landzunge die wuchtige Festung Akershus, die viereckigen Türme des ziegelroten Rathauses, die Flaniermeile Aker Brygge. Die ganze Dynamik der norwegischen Hauptstadt in einem einzigen Bild: Industrie und Freizeit, Kultur und Geschichte, Politik und Promenade. Und beim Bummel durch die Straßen entdecken Besucher schon bald, dass alles überschaubar, fast kleinstädtisch wirkt und dass die Osloer selbst und die traumhafte Lage zwischen Fjord und Fjell den Puls der Stadt bestimmen.

454 km² groß ist Oslo und damit halb so groß wie Berlin – viel Platz für die nicht einmal 900 000 Einwohner. Die Hälfte der Fläche bedeckt Wald, es gibt mehr als 300 Seen. Das ist den Osloern wichtig, denn *friluftsliv,* also Aktivitäten in der freien Natur, gehören zum Selbstverständnis der Norweger. Fragt man sie, was ihnen selbst

Bild: Segelschiff Christian Radich im Oslofjord, dahinter das Rathaus

## In Oslo wirkt alles überschaubar, fast kleinstädtisch

an ihrer Stadt gefällt, sagen Sie je nach Wohnort Nordmarka oder Østmarka und meinen damit den Waldgürtel um die Stadt herum. Die Bahnfahrt auf 500 m Höhe, zum Holmenkollen, zu den Haltestellen Voksenkollen (wo es auch einen Skiverleih gibt) oder nach Frognerseter hinauf, dann die Wanderung zu Fuß oder auf Skiern in die Wälder hinein, ist für Osloer ein ganz normaler Sonntagsausflug und aktiven Besuchern unbedingt zu empfehlen. Wundern Sie sich also nicht, wenn Sie in einem Straßencafé mitten in der Stadt Leute in Ski- oder Wanderklamotten treffen, die ihren Tagesrucksack abgestellt haben und mit einem kühlen Bier die Rückkehr in die Urbanität feiern.

In den Sommermonaten lockt auch der Fjord mit seinen unzähligen Buchten die Osloer hinaus. Dicht an dicht treiben und tuckern Segel- und Motorboote bis nahe an die Innenstadtanleger. Dort wimmelt es von Bierzapfstellen und Sonnenanbetern, die mit dunkler Brille auf der Nase und Sonnenschutzfaktor 20 auf dem nackten Bauch Richtung Fjord blicken. Fernblick gehört in Oslo offenbar zum guten Leben. Auch deshalb kosten Häuser mit Hanglage das Dreifache. Für Touristen, die zum Sonnenbaden auf Inseln und Schären übersetzen möchten, gibt es Ausflugsschiffe genug. Eingeweihte wissen, dass die Fjordfahrt im Winter ein weiteres Plus bereithält: Wenn sich frostgetränktes Halblicht über die von Schnee gerahmte Hauptstadt legt, ist Oslo vom Wasser besehen ein mystischer Ort.

Oslo ist Norwegens einzige Großstadt und doch weit von einer Metropole entfernt. Von Hektik ist nichts zu spüren. Verkehr gibt es zwar auch hier reichlich, Läden und Straßen-

Im ohnehin grünen Oslo ist die Pflanzenpracht des Botanischen Gartens das Tüpfelchen auf dem i

musiker sorgen für Beschallung, ein paar Skater schlängeln sich an Passanten vorbei. Doch niemand flucht oder regt sich auf. Vor den Restaurants und Cafés stehen ein paar Tische, die bei jedem Wetter dank Heizlampen und Wolldecken gut besetzt sind.

Alles wirkt gemächlich. Norwegern ist es fremd, ihren Unmut mit Rufen oder Hupkonzerten kundzutun. Diese zurückhaltende Attitüde prägt auch das Hauptstadtleben. Die Architektur unterstreicht dies, überall sind die Häuserschluchten aufgebrochen: Statistisch gesehen haben 95 Prozent der Stadtbevölkerung im Umkreis von 300 m eine Grünanlage. Die vielen Parks und Plätze der Stadt sind dazu da, zu bummeln oder sich auf eine Bank zu setzen, um dem Treiben entspannt zuzusehen.

> **Der Mittelpunkt Oslos ist eine Grünanlage**

Und es ist sicher kein Zufall, dass der Mittelpunkt Oslos nicht der Hauptbahnhof ist oder das Schloss, sondern die Grünanlage *Studenterlunden* zwischen Parlament und Nationaltheater. Der einstige Campus, ein rechteckiger Park mit lauter Bänken, ist Oslos Treffpunkt schlechthin – für Einheimische und Besucher. Im Winter ist hier eine Eisbahn angelegt, die nicht nur bei den Jugendlichen der Hauptstadt gut ankommt.

Recht schnell stellt der Oslo-Besucher fest, dass alte und neue Bauten manchmal etwas unglücklich nebeneinander stehen. Es gibt nur wenige baulich homogene Stadtviertel. Bis zur Jahrtausendwende spielte der Straßenverkehr eine allzu starke Rolle bei der Stadtplanung, und so mancher Parkhausbau war dem Gesamteindruck nicht zuträglich. Das Umdenken der vergangenen zehn Jahre hat Oslo sehr gut getan: Die Hauptverkehrsstraßen verlaufen im Untergrund, und die Stadt öffnet sich mit großen Schritten zum Fjord hin. Uferpromenaden und die in Norwegen als *Allmenning* be-

zeichneten Plätze werden von der Bucht Bjørvika bis zur Vergnügungsmeile Aker Brygge das Bild der Stadt zum Wasser hin nachhaltig verändern. Dort entstehen gerade die neuen Gebäude der Nationalgalerie und des Munchmuseums, die mit dem Opernneubau der Skyline Oslos eine andere Form geben werden. Was um die Oper, dieses weithin sichtbare und Offenheit ausstrahlende „europäische Bauwerk des Jahres 2008" herum wächst, könnte die Stadt zumindest architektonisch zu einer wirklichen Metropole machen, in jedem Fall aber wird es Oslos Anspruch als ernstzunehmende Kulturstadt unterstreichen.

Ein großer Teil des norwegischen Kulturhaushalts von gut 1,2 Mrd. Euro fließt in die Hauptstadt, die Stadt selbst gibt jedes Jahr rund 65 Mio. Euro für die Förderung von Theater und Musik, Literatur und Kunst aus – im Schnitt also mehr als 100 Euro je Einwohner! Die Oper und das Munch-Museum profitieren davon ebenso wie Hunderte von Musikclubs und Theaterbühnen. Jedes Jahr finden in Oslo rund 6000 Konzerte statt, und es ist für jeden Geschmack immer genug dabei. Es soll in der Stadt fast 1000 Musikbands geben – ein blühendes Dickicht, aus dem immer wieder internationale Stars herauswachsen.

## Spannungen zwischen Hauptstadt und den Regionen des Landes

Norwegen hat 5 Mio. Einwohner, allein 900 000 davon leben im Großraum Oslo. Das ist viel, und nimmt man die Lage der Stadt am südöstlichen Zipfel des Landes hinzu, wundert es nicht, dass es einen schwelenden Konflikt zwischen der Hauptstadt und dem Rest des Landes gibt. Die Osloer wüssten ja kaum, wird außerhalb der Hauptstadt gern kolportiert, dass der Vestfjord in Nordnorwegen, der Nordfjord dagegen in Westnorwegen liegt. Und die Osloer müssen sich den Vorwurf gefallen lassen, arrogant und nabelbeschauend zu sein, obwohl sie wirtschaftlich stark am Tropf der wertschöpfenden Regionen hängen. In Oslo sitzen nicht nur die Regierung und die meisten staatlichen Behörden, sondern auch alle landesweit erhältlichen Tageszeitungen. Die Spannungen zwischen Kapitale und den Regionen kamen bei den beiden EU-Volksabstimmungen 1972 und 1994 sehr deutlich zum Vorschein. Die Osloer sahen sich beide Male siegesgewiss als EU-Bürger, mussten aber einsehen, dass West-, Mittel- und Nordnorweger ihnen den Weg nach Brüssel versperrten.

Der Konflikt zwischen Regierung und Regierten ist vor allem historisch begründet. Als Norwegen zwischen 1536 und 1814 zu Dänemark gehörte und von Kopenhagen aus regiert wurde, war *Christiania,* wie Oslo damals hieß, wichtigstes Standbein im Land der Mitternachtssonne. Während überall im Land die Fischer, Bauern und der Handel mit ihren Produkten das Wirtschaftsleben in Gang hielten, war die Stadt am Oslofjord von den Entsandten der Krone und einer Beamtenschaft geprägt, die ihr Gehalt aus Kopenhagen bezogen. Die beiden EU-Abstimmungen der jüngsten Vergangenheit haben diese historischen Gegensätze nur noch einmal unterstrichen. Die Osloer müssen damit leben, von ihren Landsleuten kritisch beäugt zu werden, doch dem Selbstbewusstsein der Hauptstädter tut dies keinen Abbruch. Sie haben Erfahrung darin, abfällige Bemerkungen mit einem Lächeln wegzustecken. Doch zugleich hegen sie historisch begründet immer noch ein gewisses Minderwertigkeitsgefühl gegenüber den anderen nordischen Hauptstädten, insbesondere Stockholm. Der Reichtum des Landes nach 40 Jahren Öl- und Gasförderung jedoch hat die Stadt und seine Einwohner verändert. Es wimmelt von feinen Restaurants und teuren Autos – und von norwegischen Dialekten. Der Wohlstand zeigt sich vor allem an der scheinbar planlosen Wolkenkratzerbebauung um den Hauptbahnhof herum. Dies ist kein Ort zum Verweilen, hier regiert die Finanzelite. Nur einen halben Kilometer weiter, in den Restaurants, Cafés und Kneipen von Grønland oder Grünerløkka, ist von dieser Protzigkeit rein gar nichts zu spüren. Alles wirkt gesetzt, ein bisschen abgenutzt, aber urgemütlich. Orte der Begegnung und für ein freundliches Miteinander. „Schön, dass du da bist – wie geht es dir?" Internationalen Untersuchungen zufolge haben die Norweger eine sehr hohe Lebenserwartung, einen sehr hohen Lebensstandard und

Nach draußen streben Osloer bei jeder Gelegenheit, tanken Licht in Cafés, Parks und auf Plätzen

Bildungsstand – und sie sind das optimistischste Volk der Welt. Sorglosigkeit strahlt dem Besucher entgegen und ist ein wesentlicher Bestandteil des Osloer Lebensgefühls. Daran haben auch die tragischen Ereignisse vom 22. Juli 2011 nichts geändert, als ein 32-jähriger Norweger zunächst eine schwere Autobombe vor dem Regierungsgebäude in der Osloer Stadtmitte zündete, die acht Menschen das Leben kostete. Und dann in dem Sommercamp der norwegischen Jungsozialisten auf der Insel Utøya im

## Wichtige Werte: Offenheit, Zusammenhalt und Freizügigkeit

See Tyrifjorden ein grausames Massaker anrichtete und 69, zumeist junge Menschen tötete. Trotz des tiefen Schocks und der enormen Trauer über die Toten war von Anfang an die Entschlossenheit zu spüren, die Werte zu erhalten, die den Norwegern wichtig sind: Offenheit, Zusammenhalt und das Recht auf Freizügigkeit.

Oslo ist und bleibt eine Stadt, an der man sich reiben kann. Dass ständig gebaut wird, sehen die einen als Ausdruck von Unruhe, die anderen preisen die Dynamik. Dass Oslo europäische Peripherie ist, wird durch ein pulsierendes, trendiges Nachtleben und viele international anerkannte Restaurants und Köche widerlegt. Dass in der Hauptstadt eines als puritanisch verschrienen Landes Toleranz großgeschrieben wird, passt zur Grundhaltung der Norweger „leben und leben lassen". Und dass die Norweger selbst mit einer ordentlichen Portion Skepsis auf ihre Hauptstadt blicken, hindert die Osloer selbst nicht daran, auf ihre Stadt sehr stolz zu sein. Widersprüchlich eben und schon beim zweiten Hinsehen spannend – es gibt viele gute Gründe, dieser Stadt mit Offenheit zu begegnen und sich auf sie einzulassen.

# IM TREND

## 1 Grønland

**In-Viertel** An jeder Straßenecke gibt es etwas Spannendes zu entdecken. Grønland ist das jüngste Szeneviertel der Stadt. Designer wie Anne Brit Opdahl und Laura Armonaite verkaufen hier ihr Label *3rdhand (Markveien 58)*, Künstler zeigen ihre Arbeiten in der *Galerie 0047 (Schweigaardsgate 340, Foto)* und inspirieren die jungen Städter. Und sie alle treffen nach Sonnenuntergang im *Gloria Flames* aufeinander. Konzerte, coole Drinks und eine Dachterrasse sind der perfekte gemeinsame Nenner *(Grønland 18)*.

## Modemut

**2**

**Schnittig** Oslos Modedesigner machen keine halben Sachen. Wappnen Sie sich für extravagante Designs, zum Beispiel von *Moods of Norway (Akersgata 18, www.moodsofnorway.no, Foto)* oder *Cecilie Melli*, die ausgefallene Accessoires entwirft *(Nedre Slottsgate 15, www.ceciliemelli.com)*. Die großen Designnamen finden Sie bei *Den Dama* und dem etwas jüngeren *Hassan og Den Dama (Frognerveien 4 und Skovveien 4, dendama.com)*.

## Disc Golf

**3**

**Ab in den Korb** Die Frisbees in Oslos Parks fliegen nicht nur von Hand zu Hand, immer öfter landen sie auch im Korb. Disc Golf ist angesagt und die Körbe sprießen fast wie Pilze aus dem Boden. Neun davon gibt es im *Frognerpark (www.frognerfrisbee klubb.no)*, doppelt so viele sind es im Freizeitareal in Ekeberg, wo der Disc-Golfverein *Ekeberg Sendeplateklubb* die Scheiben regelmäßig fliegen lässt *(Ekebergsletta, www.ekebergsk.com, Foto)*. Man will schließlich fit sein für Spiele gegen den Ultimate Frisbee-Platzhirsch *EZ Ultimate*. Auch Gastspieler sind willkommen *(www.ezultimate.no)*.

# Eat green

*Lokal und lecker* Die Gründer von *Food Story* haben grüne Prinzipien. Nicht nur sind die Speisen in ihren Lokalen und Ladencafés bio, sie stammen auch aus der Region. In der Filiale im Viertel Grünerløkka gibt es nicht nur Sandwichs und Salate, sondern auch köstliche Muschelgerichte oder Lamm mit Wildkräutern *(Thorvald Meyers gate 61, Foto)*. Eine echte Oase liegt in einem Hinterhof. Der Ökolieferservice *Kolonihagen* hat hier Friseur, Bäckerei, Blumenladen, Café und Gemüsegeschäft versammelt und ein echtes Bio-Idyll in der Stadt erschaffen *(Frognerveien 33)*. Während bei *Food Story* und *Kolonihagen* Fleisch auf den Tisch kommt, ist das Restaurant *Spisestedet* bio und vegetarisch – und lecker *(Hjelms gate 3)*.

# Wechselhaft

*Club trifft Café* Die Osloer sind kaum wegzubewegen, wenn sie ein hübsches Plätzchen gefunden haben. Ob es an den Lokalen liegt, die erst Café sind und abends zum Club werden? Im kuscheligen *Illegal Burger* kommt tagsüber Fleisch vom Grill in den Burger und nachts Platten auf die Turntables *(Møllergata 23)*. Auch im *Café con Bar* ist man rund um die Uhr am rechten Platz. Nach Sonnenuntergang wird die Musik aufgedreht, die Cocktailshaker fliegen und das junge Publikum wogt entspannt zwischen Tresen und Plüschsofa *(Brugata 11)*. Auch die Kultur kommt nicht zu kurz: Die *Galleri Pan* vereint Kunstlocation und Restaurant, Weinbar und Konzerthalle *(St. Olavs gate 7, www.panoslo. no)*. Und selbst Profanes wird kombiniert. Zum Beispiel im gemütlichen Café-Waschsalon *(Café Laundromat, Underhaugsveien 2, Foto )*.

# STICHWORTE

## ATTENTATE VOM 22. JULI 2011

Am Freitag, 22. Juli 2011, erlebte das Königreich Norwegen einen Alptraum, der weltweit Entsetzen auslöste, und das Land im Norden Europas in Trauer stürzte. Ein 32-jähriger Norweger unternahm zwei Terrorangriffe, die genau in das Herz der norwegischen Sozialdemokratie und damit der Gesellschaft zielten: Nachdem er eine 500 kg schwere Autobombe vor dem Regierungsgebäude am Johann Nygaardsvolds plass zündete, die enorme Schäden anrichtete und acht Todesopfer forderte, fuhr der Attentäter etwa 30 Minuten nach Westen bis zum See Tyrifjorden und ließ sich als Polizist verkleidet auf die Insel Utøya übersetzen. Dort hielten zu dieser Zeit die norwegischen

Jungsozialisten (AUF) ihr Sommercamp ab. Der Attentäter erschoss 69 Teilnehmer aus nächster Nähe – das jüngste Opfer gerade 14 Jahre alt; fast 70 weitere Jugendliche erlitten zum Teil schwere Verletzungen. Der Todesschütze ergab sich noch am Tatort. Politiker und Bürger reagierten mit dem Bekenntnis, sich die Werte des freien Landes Norwegen durch eine solche Tat nicht nehmen zu lassen.

## WILLY BRANDT

„Im Dezember 1971 nahm ich in Oslo den Friedensnobelpreis entgegen – eine Anerkennung, die mir nahe ging." Nur ein einziger Satz findet sich in den Memoiren von Willy Brandt zum 10. Dezember 1971. Umso ausführlicher ist die Schilderung des späteren Bundeskanz-

Fußball gucken, Jazz hören, Sport treiben –
Osloer sind gesellig und gern draußen, am
liebsten in der Mittsommernacht

lers und Wegbereiters der Ostpolitik aus
den Jahren nach 1933, als er noch Her-
bert Ernst Karl Frahm hieß und vor den
Nazis aus Deutschland nach Norwegen
flüchtete. Dort nahm er den Namen Willy
Brandt an, studierte in Oslo Geschichte,
arbeitete dort als Journalist und begann,
sich in der internationalen Arbeiterbewegung zu engagieren. Der junge Willy
Brandt wohnte unter der Adresse Hollen-
dergata 4 nahe dem Hauptbahnhof. Ein
blaues Schild an der Hauswand erinnert
an den berühmten Bewohner dieses

typischen Osloer Wohnblocks aus dem
ausgehenden 19. Jh.

## DESIGN UND MODE

Dass Norwegen ein Randdasein in
Europa fristet, ist nicht zuletzt bei Trends
in Sachen Design und Mode zu spüren. Es
gibt junge und mutige Designer zuhauf,
doch Paris, London oder Mailand liegen
weit weg. Auch Studienmöglichkeiten
gibt es genug, ebenso Ausstellungs- und
Verkaufsräume, schmuckvolle Läden, in
denen es Spaß macht, neues Design

zu bestaunen und vielleicht zu kaufen, sogar ein international anerkanntes Designhotel. Der Schritt nach Europa gelingt jedoch nur den wenigsten. Die Modeschöpfer von *Moods of Norway* gehören dazu, der innovative Beleuchtungshersteller *Northern Lightning* oder die beiden Designer Ørjan Djønne and Marius Sveen von *Bare Møbler* mit ihren ebenso soliden wie innovativen Sitzmöbeln.

# FUSSBALLKNEIPEN

Teures Bier scheint beim Fußball besser zu schmecken: Obwohl Nationalmannschaft, Spieler und Clubs aus Norwegen international kaum eine Rolle spielen, ist die schönste Nebensache der Welt im Osloer Stadtbild äußerst präsent. Seit Beginn des Fernsehzeitalters zeigen norwegische Männer eine besondere Vorliebe für englischen Fußball, und Traditionen müssen gepflegt werden. Besucher sollte es daher nicht verwundern, dass auf Großbildleinwänden in Osloer Kneipen, die zudem oft englische Namen tragen, mehrmals pro Woche englische Topclubs auflaufen.

# JAZZ

Seit Jahrzehnten steht Oslo im Zentrum der international anerkannten norwegischen Jazzmusik. Anfang der 1980er-Jahre waren es Sängerin Karin Krog und Saxofonist Jan Garbarek, die sich als Türöffner für norwegische Talente erwiesen. 1983 etablierte sich hier eines der besten Tonstudios der Welt: *Recorded at Rainbow Studio, Oslo. Engineer: Jan Erik Kongshaug* ist in der Jazzmusik ein absoluter Qualitätsstempel. Die besten internationalen Jazzlabels haben norwegische Gruppen und Solisten in ihrem Programm. Sie sorgen auch dafür, dass die vielen Konzertbühnen in Oslo gut besucht werden. Zentrum der Szene bilden *Bare Jazz* mitten in der Stadt *(Grensen 8)*

mit schier unbegrenztem Angebot klassischer und moderner Aufnahmen und die *Nasjonal Jazzscene* im Victoriasaal direkt auf Oslos Hauptstraße Karl Johan *(www.nasjonaljazzscene.no)*.

# MARIA MENA & CO.

Butterweiche Popballaden aus dem kühlen Norden: Die Tochter eines Schlagzeugers hat Musik im Blut und das Zeug zum internationalen Star. Der Durchbruch gelang Maria Mena 2005 mit „Apparently Unaffected". Der Song verkaufte sich mehr als eine Viertelmillion Mal. Die sehr persönlichen Texte der jungen Osloerin kommen besonders in Deutschland und den Niederlanden gut an, aber auch bei Talkmaster David Letterman in den USA war sie schon zu Gast. Aus dem Schatten von Maria Mena tritt mit großen Schritten derzeit die Sängerin Marit Larsen, zu deren Vorbildern Joni Mitchell gehört. In Oslo gilt sie inzwischen als „coming star" der norwegischen Hauptstadt.

# MITTSOMMERNACHT

Die Zeit der Sommersonnenwende wird auch in Oslo ausgiebig begangen. Schlafen kann man schließlich, wenn der Sommer vorbei ist! Wer es irgendwie einrichten kann, macht im Urlaub oder am Wochenende die Nacht zum Tag und holt den Nachtschlaf eben tagsüber auf irgendeiner Parkwiese mitten in der Stadt nach. Dies gilt vor allem für die Nacht vom 23. auf den 24. Juni. Mit Lagerfeuern und Gegrilltem feiern die Hauptstädter an den Ufern des Oslofjords die Mittsommernacht. Die Sonne geht zwar für ein paar Stunden unter, doch in der Stadt kehrt keine rechte Ruhe ein. Noch mehr Menschen als sonst sind bis weit nach Mitternacht auf den Beinen, auf der Kneipenmeile Aker Brygge drängeln sich die mehr oder weniger nüch-

In der Mittsommernacht bleibt der Himmel über Oslo hell und fast jedes Bett leer

ternen Besucher, und auf den vertäuten Segelbooten vor dem Rathaus wird bis zum frühen Sonnenaufgang Party gemacht. Leider lässt der Alkoholkonsum die Stimmung zu später Stunde so manches Mal kippen. Auf die Gäste der Stadt mag das abstoßend wirken. Das beste Rezept dagegen ist mitzumachen oder mit einem Boot eine ruhige Schäre im Oslofjord anzusteuern. Oder eben doch ins Bett zu gehen.

## MONARCHIE

Eigentlich nimmt die Ahnenreihe der norwegischen Könige ja bereits zur Wikingerzeit ihren Anfang, trotzdem ist Norwegens Monarchie jung. Nach fast 400 Jahren dänischer Fremdherrschaft (bis 1814) und einem knappen Jahrhundert unter der schwedischen Krone musste das Land 1905 einen Prinzen aus Dänemark importieren, der dann nach einer Volksabstimmung auf dem norwegischen Thron Platz nahm. Die Beliebtheit dieser königlichen Familie ist bis heute ungebrochen. Harald V., Kronprinz

Haakon Magnus und Prinzessin Märtha Louise haben allesamt bürgerlich geheiratet, und niemand stößt sich mehr daran. Der Regent und seine Kinder werden auch von den Republikanern im Land respektiert.

Während der Kronprinz den traditionellen Werdegang eines Thronfolgers mit Offiziersausbildung und Studium durchlaufen hat und den norwegischen Staat zusammen mit seiner Frau, Kronprinzessin Mette-Marit, bereits regelmäßig im In- und Ausland vertritt, hat seine ältere Schwester Märtha Louise buchstäblich alternative Wege eingeschlagen. Nach Physiotherapieausbildung im Ausland und der Heirat mit dem Schriftsteller Ari Behn 2002 verzichtete sie noch im selben Jahr auf den Titel „Ihre Königliche Hoheit", um fortan als selbständige Kulturschaffende arbeiten zu können. Im Fernsehen trat sie als Märchenerzählerin auf, in der Vorweihnachtszeit reiste sie auf Tournee durch Norwegen. Als Märtha Louise 2007 ein Zentrum für alternative Behandlungstechniken gründete und nach eigenem Bekunden mit Engeln und Toten in Kontakt treten könne, sorgte dies nicht nur in der norwegischen Presse für heftige Schlagzeilen.

# NOBELPREIS

Zweimal im Jahr steht Oslo im Zentrum des globalen Medieninteresses, und daran ist ein Schwede Schuld. Der Stockholmer Industrielle und Geschäftsmann Alfred Nobel (1833–1896) hatte testamentarisch verfügt, dass der Friedensnobelpreis – im Gegensatz zu den vier anderen Fachnobelpreisen in Physik, Chemie, Medizin und Literatur – von einem norwegischen Nobelkomitee ausgewählt und verliehen werden sollte, das vom Parlament Stortinget ernannt wird. Deswegen gibt es in Oslo heute ein Nobelinstitut und das als Informationszentrum gestaltete *Nobels Fredssenter* nahe Aker Brygge.

Jedes Jahr am zweiten Freitag im Oktober gibt der Vorsitzende des norwegischen Nobelkomitees um Punkt 11 Uhr den Gewinner des Friedensnobelpreises bekannt, der dann zum 10. Dezember – dem Todestag von Alfred Nobel – zur feierlichen Überreichung der Medaille und eines Schecks von derzeit 10 Mio. schwedischen Kronen (ca. 1,1 Mio. Euro) ins Osloer Rathaus eingeladen wird.

# OSLOFJORD

Norwegens Hauptstadt ohne Fjord – undenkbar: Er ist das Tor zur Stadt, Segelparadies, stark befahrene Wasserstraße und ein einzigartiges Naherholungsgebiet zugleich. Rund 2 Mio. Menschen wohnen auf beiden Seiten des Meerarms, der zum Skagerrak gehört und schon wegen seiner Lage mit heftiger Atemnot zu kämpfen hat. Besiedlung, Industrie und Verkehr belasten die Wasserqualität besonders des sogenannten *Inneren Oslofjords,* der an dem nur 1 km breiten Drøbaksund beginnt, bis ans Osloer Rathaus heranreicht und zwischen 3 und 7 km lang ist. In diesem Becken müssen die Segelschiffe und Motorboote im Sommer Zickzack fahren, um nicht zusammenzustoßen, an den Ufern und auf den Holmen und Schären stehen zahllose, sehr teure Hütten. All dies tut aber dem Ruf des Oslofjords keinen Abbruch, er hat einen festen Platz im Herzen aller Osloer.

# SPORT

Es gibt nationale Mythen, die jeden Wandel überleben: *Norweger sind*

# RICHTIG FIT!

Nur eine Straßenbahnfahrt mit der Nr. 3 vom Zentrum entfernt (Haltestelle Sognsvann) liegt Oslos bekannteste Strecke für Spaziergänger und Jogger. Ein Lauf um den See *Sognsvann* ist die ideale Tour – nah dran am Zentrum und trotzdem mittendrin in den norwegischen Wäldern. Die Strecke ist 3,3 km lang, frische Luft und weite Landschaft gibt's gratis dazu. Wer nicht joggen will oder kann: Für eine Fahrradtour eignet sich der gut präparierte Kiesweg ebenso. Auch Behinderte im Rollstuhl können die Trainingsstrecke um den See absolvieren. Wer unterwegs Lust auf mehr bekommt, biegt einfach in einen der beschilderten Wanderwege in die Wälder der Marka ein. Hier erwarten die besonders gut Trainierten unzählige Kilometer Joggingstrecken.

Woanders ein öffentliches Verkehrsmittel, in Oslo eine Herzensangelegenheit: die *Trikken*

*sportlich* ist so einer. Und da Oslo seit den Olympischen Winterspielen 1952 den Ruf zu verteidigen hat, Sporthauptstadt zu sein, ist man auch im Sommer eifrig bemüht, Osloer und Besucher der Stadt mit Leistungs- und Breitensport zu locken. Das Leichtathletik-Meeting im Bislett-Stadion an einem Freitag im Juni ist seit 1998 Grand-Prix-Veranstaltung. Der internationale Marathon meldet jedes Jahr einen neuen Teilnehmerrekord, und die Holmenkollen-Staffel gehört mit mehr als 2000 Mannschaften und über 30 000 Teilnehmern zu den größten Laufwettbewerben der Welt.

## S TRASSENBAHN

Vielleicht liegt es daran, dass Oslo die einzige Stadt in Norwegen ist, in der es überhaupt eine Straßenbahn gibt, vielleicht daran, dass das Liniennetz der *Trikken* das Kerngebiet von Oslo abdeckt.

Sicher ist: Die Osloer lieben ihre Trikken. Die blauen und keineswegs modernen Bahnen schleppen sich mehr oder weniger mühsam von Ost nach West, wobei jede Linie am Hauptbahnhof die Stadtmitte durchkreuzt. Wer Oslo und auch die Einwohner ganz entspannt, trocken, warm und für wenig Geld kennenlernen möchte, kauft sich ein 24-Stunden-Ticket und fährt zwischen den Highlights mit der Straßenbahn hin und her. Besonders schöne Ausblicke bietet die ● Linie 12. Die erste Straßenbahn in Oslo wurde von 1875 bis 1894 noch mit Pferden gezogen, 1900 war die Elektrifizierung der Bahn vollzogen. Heute fahren 72 Wagen auf den Linien 11, 12, 13, 17, 18 und 19. Bereits beschlossen ist eine neue Linie am Opernhaus vorbei entlang des Oslofjords, noch in diesem Jahrzehnt will man eine neue Fjordlinie bis weit in den Westen der Stadt fertig haben.

# DER PERFEKTE TAG
## Oslo in 24 Stunden

### 09:00 CAFÉ LATTE MIT BLICK AUFS KÖNIGSSCHLOSS

Nahe dem Anleger der Fähre Kiel–Oslo beginnt der Tag mit einem Frühstück bei *Wayne's Coffee* → S. 53 – reichlich belegte Sandwichs, leckere Kuchen und den vielleicht besten Café Latte in Oslo. Bei schönem Wetter suchen Sie sich draußen einen Platz. Schräg gegenüber liegt das Nobelinstitut, dahinter der Schlosspark.

### 10:00 ZWISCHEN VILLEN UND PALÄSTEN

Wer wissen möchte, wie es im Inneren des *Königlichen Schlosses* → S. 30 (Foto li.) aussieht, sollte sich schon rechtzeitig ein Ticket für die einstündige Führung besorgen. Anschließend steuern Sie das Diplomatenviertel im Rücken des Schlossparks an. Imposante Bürgerhäuser reihen sich harmonisch aneinander. Im Stadtteil *Frogner* → S. 38 gibt es weniger Verkehr, aber viele Blickfänge – schmuckvolle Villen, verzierte Erker, das eine oder andere gemütliche Café. Durch Frognerveien, Niels Juels gate und Gyldenløves gate geht es auf den Frognerpark zu.

### 11:00 RIESEN IM PARK

Mittelpunkt ist die Sammlung mit monumentalen Skulpturen von Gustav Vigeland im *Vigelandsparken* → S. 41 genannten Parkteil. Sie müssen diese Kunst und ihre Überbetonung des menschlichen Körpers nicht mögen – doch die Allee zum *Monolithen* im Zentrum der Sammlung lädt zum Bummeln, viele der Figuren am Rande der Allee zum näheren Studium ein. Der *Frognerpark* → S. 38 selbst ist die größte Spielwiese der Stadt. Frisbeescheiben fliegen durch die Luft, man hört Gitarrenspiel, es riecht nach Gegrilltem – der perfekte Ort, um sich in Rückenlage den Himmel über Oslo anzusehen. Sollte das Wetter nicht mitspielen, bietet sich der Besuch des kürzlich modernisierten *Vigeland-Museums* → S. 41 an.

### 13:00 HOCH HINAUS

Vom Bahnhof Majorstuen nehmen Sie die Linie 1 Richtung Frognerseter. Die Bahn schleppt sich zum *Holmenkollen* → S. 47 hinauf, dem Skistadion, das seit 2010 eine neue Schanze zu bieten hat. Nach einem Besuch im Skimuseum (Foto re.) und auf dem Sprungturm mit spektakulärer Aussicht könnten Sie in die Wälder der Nordmarka aufbrechen – eine gute Idee für den nächsten Oslo-Besuch. Aber unten in der City gibt es noch

# Die schönsten Facetten von Oslo kennenlernen – mittendrin, ganz entspannt und an einem Tag

so viel zu entdecken. Also steigen Sie wieder in die 1 Richtung Ellingsrudåsen und entspannen sich bei der gut 40-minütigen Fahrt bis zum Bahnhof Tøyen.

## 15:00 MEISTER MUNCH UND PRIMAT IDA

Das *Munch-Museum → S. 45* ist der beste Einstieg ins Werk des großen Expressionisten. Die weltweit größte Sammlung von Gemälden und Graphiken von Norwegens berühmtestem Maler nimmt Zeit in Anspruch, das Café im Hause bietet kunstgesättigten Besuchern Stärkung der konkreten Art. Wer noch Kondition für einen Museumsbesuch der eher kuriosen Art hat, spaziert kurz über die Straße zum *Naturhistorischen Museum → S. 46,* in dem neben Dinosauriern und anderen Lebewesen aus fernen Zeiten auch der 47 Mio. Jahre alte Primat Ida ausgestellt ist, angeblich das Bindeglied zwischen Tieren und Menschen.

## 18:30 SPEISEN AUF NORWEGISCH

Nun ist es Zeit für eine ordentliche Mahlzeit, und damit es richtig zünftig norwegisch bleibt, geht's ins *Olympen mat og vinhus → S. 57* im wenig herausgeputzten, beliebten Stadtteil Grønland – zu Fuß oder mit der Linie 1 bis Bahnhof Grønland. Dunkles Eichenholz, lange Holztische, Kellner mit schwarzer Weste und die größte Bierauswahl der Stadt bilden den Rahmen für ein zünftiges 3-Gänge-Menü – vorzugsweise mit Fisch.

## 21:00 Drinks mit Fjordblick

Schließen Sie Ihren Oslo-Tag dort ab, wo Touristen und Einheimische in Sommernächten am liebsten hingehen – auf der Flaniermeile *Aker Brygge → S. 28* (Foto o.) mit schaukelnden Schonern vor der Nase. Hier öffnet sich die Stadt zum Fjord, und die Kneipen sind bis in die frühen Morgenstunden geöffnet. Die Sonne ist schon lange aufgestanden, wenn die letzten Wikinger in die Koje wanken.

**Straßenbahn zum Startpunkt: 12, 13**
**Haltestelle: Solli plass**
**Das 24-Std.-Ticket (75 NOK) lohnt sich ab drei Fahrten mit den Öffentlichen!**

# SEHENSWERTES

**CITY** **WOHIN ZUERST?**
**(113 E2) (⌇ H4–5) Rathaus-platz:** Hier haben Sie den Fjord mit den Fährschiff-Anlegern im Rücken, das wuchtige Rathaus vor der Nase. Von hier aus falten sich die Sehenswürdigkeiten Oslos fächerförmig auf; viele sind zu Fuß zu erreichen. Stadtrundfahrten starten hier. Die Linie 12 der Straßenbahn bringt Sie zum Hauptbahnhof mit allen U- und Straßenbahnlinien, dem Busterminal und den Regionalzügen. In der Nähe gibt es einige kostenpflichtige Parkplätz- bzw. häuser – sowohl östlich hinter der Akerhus-Festung als auch westlich des Platzes.

Denken Sie sich den Fjord und die bewaldeten Höhen im Norden weg – Oslo wäre eine eher langweilige Hauptstadt. Ein Schloss, ein weltberühmtes Skistadion, ein Park mit einer imposanten Skulpturensammlung, ein wuchtiges Rathaus und seit Kurzem eine Oper aus weißem Marmor am Fjord – war es das etwa schon? Nein, war es nicht! Und manchmal reicht schon ein Perspektivenwechsel, um das Überraschende, das Besondere zu entdecken.

Fahren Sie ein paar Kilometer aus der Stadt hinaus Richtung Nordwesten. ✷ **INSIDER TIPP** *Kragstøtten* ist ein Rastplatz oberhalb der Skianlage Holmenkollen und der schönste Aussichtspunkt in Oslo: Sie sehen den Fjord, der im klaren Sommerlicht zwischen den

## Rotes Rathaus, weiße Oper, grüne Parks – wie ein bunter Fächer breiten sich Oslos Schönheiten vorm tiefen Blau des Fjords aus

Inseln irgendwo im Süden verschwindet, blicken hinüber zu den Hängen im Westen und Osten und haben gleichzeitig die gesamte Stadt zu Füßen. Richtig ausgesprochen heißt sie *Uschlu,* und dieser Talkessel dort unten, der im Volksmund auch tatsächlich *Uschlu-Gryta* genannt wird, birgt Überraschungen: Guts- und Bauernhöfe als Relikte der Agrargesellschaft, mächtige Industriegebäude, in die Kulturbetriebe eingezogen sind, feine Bürgerviertel und spannende kulturelle Schmelztiegel. Selbst Viertel mit Holzhäusern haben sich in Oslo bis ins 21. Jh. gehalten – im Westen eher weiß gestrichen und den Reichen vorbehalten, im Osten bis heute vor allem rot und von Arbeitern bewohnt. Spaziergänge durch Oslos Stadtteile sind Begegnungen mit der Geschichte und den Veränderungen, die im Zuge des steten Wachstums der Hauptstadt notwendig waren. Am besten, Sie gehen zuerst auf die Anhöhen und lassen von dort den Blick schweifen. Und wenn Sie sich dann auf die Entdeckungstour durch Norwegens Hauptstadt

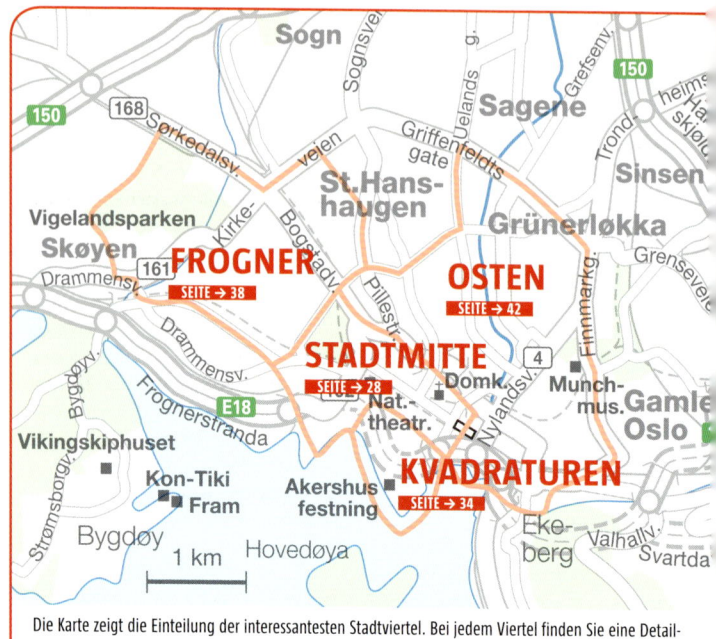

Die Karte zeigt die Einteilung der interessantesten Stadtviertel. Bei jedem Viertel finden Sie eine Detailkarte, in der alle beschriebenen Sehenswürdigkeiten mit einer Nummer verzeichnet sind

machen, ist abgesehen vom Fußmarsch die Straßenbahn *(trikken)* das ideale Verkehrsmittel. Ihre Linien durchziehen alle Stadtteile, und auf dem Weg zu den Sehenswürdigkeiten sammeln Sie gleich ein paar Eindrücke von Oslos Vielfalt.

# STADTMITTE

**Wenn er müsste, könnte Norwegens König Harald jeden Morgen sein Schloss auf dem Hügel verlassen und hätte nach gerade mal 15 Minuten den Osloer Hauptbahnhof erreicht. So kompakt ist das zentrale Oslo: Es beschränkt sich auf die Karl Johans gate mit ihren Nebenstraßen vom Schloss bis zum Hauptbahnhof Oslo S(entral).**

Eine kaum 2 km lange Straße, links und rechts viel Sehenswertes, Geschäfte, Bars, Restaurants, aber auch Grünanlagen. Touristisches Herz der Hauptstadt, politisches Zentrum des Landes, Platz für Vergnügungen und Straßenkunst, für Prachtbauten und Kunstgenuss. Alles ist zu Fuß in wenigen Minuten erreichbar, und immer wieder wird man zum ● *Studenterlunden,* dem Park zwischen Parlament und Nationaltheater, zurückgelockt. Er ist Fixpunkt für die Touren durch Oslos Zentrum.

### 1 AKER BRYGGE ★ ☼
(113 D2) (*⋒ G5*)

Die Vergnügungsmeile am Oslofjord ist Aker Brygge. In den Backsteinhallen einer ehemaligen Werft sind Einkaufszentren und Geschäfte untergebracht, Bars und Restaurants säumen den Kai. Hier können Sie flanieren und Fjordluft schnuppern, dem Schiffsverkehr zuschauen, den Blick auf Akershus Festning genießen und dazu in einem der Kairestaurants ein Bier trinken. Und weil an schönen Sommertagen auch die Osloer zu Tausenden hierherkommen, um Sonne und Wasser zu genießen, kann es schon mal vorkommen, dass Sie in den Kneipen keinen Sitzplatz mehr bekommen und Stille nur auf einem Segelboot im Fjord finden. Von wo auch immer Sie das Wasser im Blick haben: Auf Aker Brygge spürt man, dass das Herz der Schifffahrtsnation Norwegen ganz in der Nähe pocht. Wer hier unten am Kai in Ruhe zwanglos frühstücken möchte, steht zeitig auf, kauft sich um 8 Uhr direkt **INSIDERTIPP** von einem der Fischerboote vor dem Rathaus eine Tüte Garnelen und genießt die Fjordaussicht von einer Bank aus. Der klassische norwegische Sommersnack schmeckt

„aus der Hand" einfach am besten. *Straßenbahn 12: Aker Brygge*

**2 ASTRUP-FEARNLEY-MUSEET FOR MODERNE KUNST** (112 C3) *(⌖ F5)*
Das international renommierte Astrup-Fearnley-Museum ist ab Herbst 2012 in zwei neuen, vom Architekten Renzo Piano entworfenen Häusern auf der Spitze der Landzunge *Tjuvholmen* untergebracht. Es verfügt über eine ansehnliche Sammlung bedeutender norwegischer und internationaler moderner Kunst, u. a. von Andy Warhol und Damien Hirst. Zum festen Bestand gehört auch die Skulptur „Michael Jackson and Bubble" des US-Amerikaners Jeff Koons. Öffnungszeiten und Eintrittspreise standen bei Redaktionsschluss noch nicht fest. Aktuelle Infos unter *af museet.no | Bus 21, 54: Aker Brygge*

**3 IBSENMUSEET** (113 D1) *(⌖ G4)*
Henrik Ibsen (1828–1906), Norwegens berühmtester Schriftsteller, gilt als Be-

---

⭐ **Aker Brygge**
Flaniermeile mit Seeluft und erfrischendem Nachtleben → S. 28

⭐ **Nasjonalgalleriet**
In der größten Kunstsammlung des Landes → S. 32

⭐ **Nobels Fredssenter**
Hier sind alle Friedensnobelpreisträger versammelt → S. 32

⭐ **Holmenkollen**
Das Mekka des nordischen Skisports in neuer Pracht → S. 48

⭐ **Akershus Festning og Slott**
Die alte Festung ist Oslos Landmarke hoch über dem Fjord → S. 35

⭐ **Munchmuseet**
Über 20 000 Werke des Expressionisten → S. 45

⭐ **Oslo Rådhus**
Schön rot und imposant → S. 37

⭐ **Det Kongelige Slott**
Norwegens König residiert standesgemäß und mitten in der Stadt → S. 30

⭐ **Vigelandsparken**
Weltberühmte Skulpturen, die zum Nachdenken anregen → S. 41

⭐ **Operahuset**
Wie ein Eispalast: Das norwegische Bauwerk ganz in Weiß sorgt in aller Welt für reichlich Aufsehen → S. 46

⭐ **Henie-Onstad-Kunstsenter**
Mit bestem Dank an die Eiskönigin: Moderne Kunst im prachtvollen Ambiente am Fjord → S. 47

**MARCO POLO HIGHLIGHTS**

gründer des modernen Dramas und einer der wichtigsten Vertreter des Realismus. Bis heute ist er einer der weltweit meistgespielten Autoren. Werke wie „Peer Gynt", „Nora oder Ein Puppenheim" oder „Die Wildente" sind Klassiker. Trotz seines bedeutenden Einflusses auf die Weltliteratur blieb Ibsen der Nobelpreis für Literatur versagt. Von 1895 bis zu seinem Tod 1906 wohnte Henrik Ibsen in der Nähe des Schlosses. In dieser Wohnung ist heute ein Literaturmuseum eingerichtet, das Leben und Wirken des großen Dichters illustriert. *Mitte Mai–Mitte Sept. Mo–So 11–18, Mitte Sept.–Mitte Mai Mo–So 11–16, Do 11–18 Uhr | Führung jede volle Stunde | 85 NOK | Ibsengate 26 | www. norskfolkemuseum.no/ibsenmuseet | Straßenbahn 19: Slottsparken*

**4 KARL JOHAN** (113 E–F1) (*M H–J4*)
Jeder Norweger kennt Karl Johan, und fast jede Reisebroschüre nennt die berühmteste Straße des Landes eine „Prachtstraße". Der Superlativ ist jedoch mit Vorsicht zu genießen. Die Fußgängerzone vom Hauptbahnhof bis zum Parlament Stortinget ist geprägt von wenig attraktiven Geschäften, von Straßenverkäufern, Bettlern und Drogenabhängigen. Erst am Grand Hotel öffnet sich der großzügig angelegte Boulevard, Besucher schlendern am Park zur Linken und der prachtvollen Aula der Universität zur Rechten vorbei, bestaunen die Fassade des Nationaltheaters und haben das alles überragende Schloss vor sich, an dessen Treppen Karl Johan endet. Der Blick vom ❊ *Schlossplatz* zurück auf Karl Johan ist dann wirklich atemberaubend.

**5 DET KONGELIGE SLOTT ★**
(107 E4–5) (*M G3*)
Seit König Harald V. das Gut Skaugum seinem Sohn Haakon überlassen hat, ist er mit Königin Sonja wieder öfter daheim in Oslo – dann weht die Fahne über dem Schloss. Der Architekt Hans Ditlev Franciscus von Linstow entwarf das Gebäude im neoklassizistischen Stil, das 1848 fer-

Berühmteste Sackgasse Norwegens: die Karl Johan Gate im Festtagsstaat am Nationalfeiertag

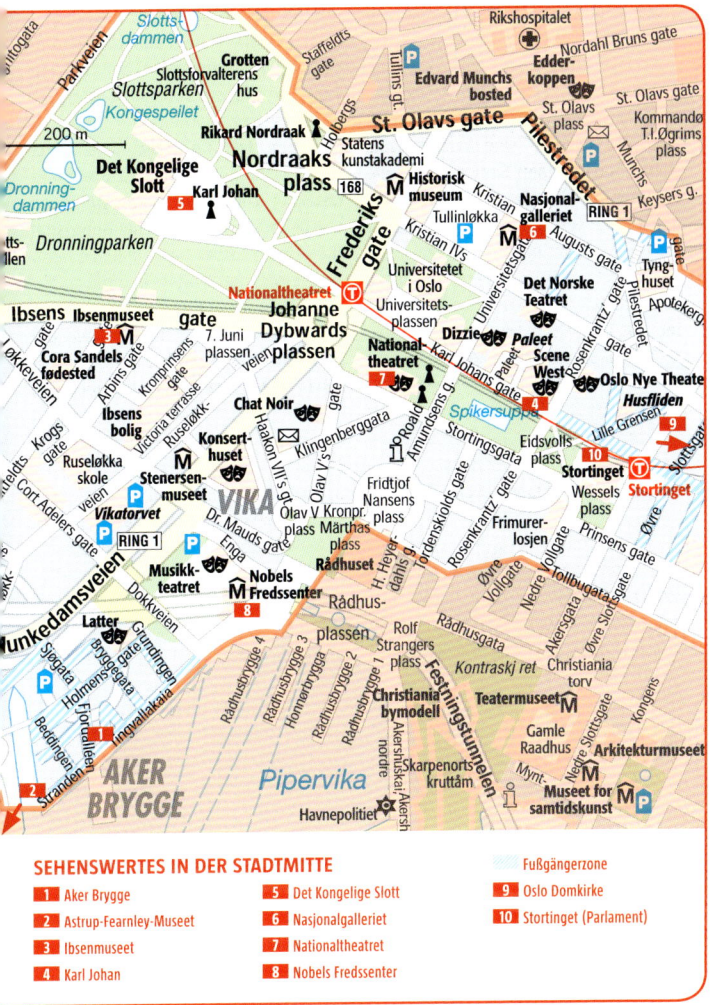

**SEHENSWERTES IN DER STADTMITTE**

| | | | |
|---|---|---|---|
| **1** Aker Brygge | | **5** Det Kongelige Slott | |
| **2** Astrup-Fearnley-Museet | | **6** Nasjonalgalleriet | |
| **3** Ibsenmuseet | | **7** Nationaltheatret | |
| **4** Karl Johan | | **8** Nobels Fredssenter | |

Fußgängerzone
**9** Oslo Domkirke
**10** Stortinget (Parlament)

tig war. Nach der Auflösung der Union mit Schweden 1905 avancierte es zum festen Königssitz, als König Haakon VII. hier einzog. Ein großer, der Öffentlichkeit zugänglicher Park umgibt das Schloss. Besonders schön ist der Teil *Dronningsparken*, der Park der Königin, hinter dem Schloss. Den Eingang markiert eine Statue von Dronning Maud (1869–1938), erste Königin des selbstständigen Norwegen. Vor dem Schloss steht die Statue des schwedischen Königs Karl Johan, der vom Hügel aus auf seine Straße, die Karl Johans gate, hinunterblickt.

Nationaltheater mit
Dichterfürst Bjørnson

Am 17. Mai, dem norwegischen Nationalfeiertag, stehen die Mitglieder der Königsfamilie auf dem Schlossbalkon und winken dem vorbeiziehenden Kinderumzug zu.

Das Königliche Schloss wird von der königlichen Leibgarde bewacht und ist nur im Sommer für Führungen geöffnet. Das ganze Jahr über findet täglich um 13.30 Uhr eine sehenswerte ● Wachablösung statt, im Sommer wird sie manchmal durch einen **INSIDER TIPP** musikalisch begleiteten Aufmarsch ergänzt. *20. Juni–16. Aug. Schlossführungen in englischer Sprache jeweils Mo–Do, Sa 12, 14 und 17, Fr/So 14, 14.20 und 16 Uhr (Anmeldung dringend empfohlen) | 95 NOK | www.kongehuset.no | Bus 30, 31, 32, 54, 70, 74, Straßenbahn 13, 19: Nationaltheatret*

## 6 NASJONALGALLERIET ★
(108 A5) (*H3*)

1882 konnte die Nasjonalgalleriet an der Universitetsgate ihr eigenes Haus beziehen, das heute die umfassendste öffentliche Kunstsammlung Norwegens beherbergt. Ein Schwerpunkt der Gemäldegalerie ist die norwegische Nationalromantik mit Werken von Johan Christian Dahl, Adolph Tidemand, Hans Fredrik Gude und August Cappelen. Die große Sammlung mit Werken Edvard Munchs ist nach Meinung vieler sogar noch besser als die Ausstellung im Munchmuseum. Zu beachten ist, dass alle nach 1945 entstandenen Werke nicht in der Nasjonalgalleriet, sondern im Museum für zeitgenössische Kunst gezeigt werden. *Di, Mi, Fr 10–18, Do 10–19, Sa/So 11–17 Uhr | Eintritt 50 NOK, So frei | Universitetsgate 13 | www.nasjonalmuseet.no | Straßenbahn 11, 17, 18: Tullinløkka*

## 7 NATIONALTHEATRET
(113 E1) (*H4*)

Mit Backsteinen und norwegischem Granit gestaltete der Architekt Henrik Bull das Nationaltheatret, das den Platz Studenterlunden nach Westen hin abschließt. Norwegens Nationalbühne – damals war sie noch in privater Hand – wurde 1899 mit „Ein Volksfeind" von Henrik Ibsen eröffnet. Der Autor selbst saß bei der Premiere in der ersten Reihe. Vor dem Gebäude stehen die Skulpturen der beiden norwegischen Dichterkönige Bjørnstjerne Bjørnson und Henrik Ibsen, die zur Eröffnung enthüllt wurden. *Johanne Dybwads plass 1 | Bus 30, 31, 32, 54, 70, 74, Straßenbahn 13, 19: Nationaltheatret*

## 8 NOBELS FREDSSENTER ★
(113 E2) (*G4*)

Nicht in Schweden, sondern in Oslo sollte der Friedensnobelpreis verliehen werden. So entschied es der Schwede Alfred Nobel in seinem Testament. Warum, ist nicht eindeutig geklärt: Vielleicht traute Nobel den eigenen schwedischen Politikern nicht und hielt das norwegische Parlament für moderner. Oder er tat es, um seiner Bewunderung für den norwegischen Dichter Bjørnstjerne Bjørnson Ausdruck zu verleihen. Sicher ist jedenfalls, dass es die Schweden ärgert, dass der Träger des wichtigsten und medienwirksamsten Nobelpreises nicht in Stockholm, sondern jährlich Anfang Oktober im Osloer Nobel-Institut bekanntgegeben wird. Die Verleihung findet im Dezember im Osloer Rathaus statt.

Im Nobel-Friedenszentrum im prachtvoll restaurierten ehemaligen Westbahnhof können sich Besucher dank moderner Medientechnik spielerisch über Alfred Nobel, den Friedenspreis und seine Träger informieren. Dem aktuellen Preisträger ist jeweils eine Sonderausstellung gewidmet. Alle bisher Ausgezeichneten sind in einem „elektronischen Garten" versammelt. Und ein „magisches Buch" macht mit dem Leben Alfred Nobels vertraut. *Di–So 10–18 Uhr | 80 NOK | Brynjulf Bulls plass 1 | Rådhusplassen | www.nobelsfredssenter.no | Straßenbahn 12: Rådhusplassen*

### 🟥 9 OSLO DOMKIRKE
(114 B1–2) (*ᄊ J4*)

In dem im Barockstil erbauten und 1697 geweihten Osloer Dom wurden 2001 Kronprinz Haakon Magnus und Kronprinzessin Mette-Marit getraut. Als protestantische Hauptkirche der Stadt ist sie zugleich Amtssitz des Osloer Bischofs. Die Deckenmalereien von Hugo Lous Mohr schmücken eine Fläche von 1500 m², die Glasmalereien, die Jesu Geburt und Leben schildern, stammen von Emanuel Vigeland und wurden 1910 eingesetzt. *Rund um die Uhr geöffnet | Eintritt frei | Karl Johans gate 11 | Straßenbahn 11, 17, 18, Bus 37: Stortorvet*

# ENTSPANNEN & GENIESSEN

Huk **(110 B–C6) (*ᄊ B8*)** auf Bygdøy ist Oslos bekanntester Badestrand, doch trotz seiner Beliebtheit kommen sich Schwimmer und Sonnenbadende hier nicht in die Quere. Nah am Strand gibt es feste Grillstellen (Grillkohle am Kiosk), Tische und Bänke. Mancher Huk-Besucher tauscht irgendwann Badehose gegen Shorts und greift zu kulinarischen Sternen. Das Menü des Restaurants ● 🌿 *Hukodden* am äußersten Punkt von Huk ist erstklassig, das Fjordpanorama im Abendlicht perfekter Abschluss eines Osloer Urlaubstags *(Mo–Fr 17–22, Sa/So ab 12 Uhr, je nach Wetter | Tel. 67 10 99 70 | Strømsborgveien 46 | www.sult.no/hukodden | €€–€€€). Bus 30 fährt z. B. ab Haltestelle Nationaltheatret direkt nach Huk*

Sie brauchen kein Gast des *Hotel Bristol* **(108 A5) (*ᄊ H4*)** zu sein, um die teils ökologischen 😊 Angebote des Hauses genießen zu können. Von Aroma bis Kräuter, von Gesicht bis Ganzkörper reichen die Behandlungen, die so gut sind, dass eine Voranmeldung unbedingt nötig ist. Die komplette Wellness fürs Gesicht kostet rund 100 Euro, das Halbtagspaket inkl. Lunch rund 300 Euro *(Di–Fr 12–19, Sa 12–18 Uhr | Anmeldung unter Tel. 22 33 55 55 | Rosenkrantzgate 3 | Straßenbahn 11, 17, 18: Tinghuset).*

### 🔟 STORTINGET (PARLAMENT)
(114 A1) (🕮 H4)

„All makt i denne salen" – „alle Macht in diesen Saal" – skandierte der liberale Politiker Johan Sverdrup 1884 im Stortinget, dem Parlament. Die norwegischen Politiker hatten gerade für den Parlamentarismus gestimmt, dem schwedischen Unionskönig Oscar II. die Macht entrissen und sie ans Stortinget übertragen. Dabei war es mit Oscar I. ein anderer schwedischer König gewesen, der den Auftrag für den Bau des Stortinget erteilt hatte. 1866 konnten die norwegischen Politiker erstmals im mattgelben Backsteingebäude am Karl Johan tagen. Weil zwei Löwenskulpturen von Christopher Borch die Auffahrt zum Eingang säumen, wird das Stortinget im Volksmund auch *løvebakken* (Löwenhügel) genannt. Nicht Borch selbst, sondern ein zum Tode verurteilter Sträfling haute die Löwen in Granit. Als Dank für seine Arbeit wurde er begnadigt. *Juni–Aug. Führungen in Englisch Mo–Fr 10,* *11.30 und 13 Uhr | Eintritt frei | Karl Johans gate 22 | www.stortinget.no | T-Bahn 2, 3, 4, 5, 6: Stortinget*

# KVADRATUREN

**Kvadraturen ist Oslos „alte, neue Stadt". Im Stadtteil zwischen der Festung Akershus und dem heutigen Zentrum um die Karl Johans gate liegen Geschichte, Architektur und Kunstgenuss dicht beieinander.**

1624 brannte das alte Oslo nieder. König Christian IV. ließ danach das neue Zentrum auf der anderen Seite der Bucht Bjørvika aufbauen. Im Windschatten der mächtigen Festung Akershus wuchs die neue Stadt heran – im Geist der Renaissance streng viereckig angelegt. Daher der Name *Kvadraturen,* daher die Straßenschluchten mit ihrer manchmal

Die Löwen vor dem Stortinget, Norwegens Parlament, retteten ihrem Schöpfer das Leben

## SEHENSWERTES IN KVADRATUREN

**1** Akershus Festning og Slott

**2** Arkitekturmuseet

**3** Christiania Torv

**4** Museet for Samtidskunst

**5** Oslo Rådhus

etwas wuchtigen Bebauung. Auch nachdem sich das Zentrum immer weiter nach Westen verlagert hat – Kvadraturen bleibt Oslos historischer Mittelpunkt. Das Viertel überrascht nicht nur mit dem quadratischen Straßenmuster, sondern auch mit vielen historischen Bauten. In der Rådhusgate sind noch einige Häuser aus der Gründungszeit von Kvadraturen zu sehen, ansonsten dominieren herrschaftliche Fassaden aus dem 19. Jh. den kompakten Stadtteil. Am Tag ist Kvadraturen ein attraktives Museumsviertel, für einen spätabendlichen Bummel aber ist es hier zu dunkel und verlassen.

**1 AKERSHUS FESTNING OG SLOTT** ★ (113 E3) *(M H5)*

Neun ernste Angriffe überstand die Festung Akershus seit dem Mittelalter: Weder Schweden noch Dänen gelang es, dieses Bollwerk auf der Landzunge über dem Oslofjord einzunehmen. Im Mittelalter war Akershus zunächst Königsburg, die Christian IV. (1588–1648) um ein Renaissanceschloss und eine massive Befestigungsanlage erweitern ließ. Die Wälle und Mauern umschließen ein Gelände von etwa 350 m Länge und 100 m Breite. Der Norden der inneren Festungsanlage wird durch das

*Høymagasinet (Ausstellung historischer Stadtmodelle | Juni–Aug. Di–So 10 bis 15 Uhr)* markiert. Am südlichen Ende liegt *Munketårnet,* der Mönchsturm, der den Eingang kennzeichnet und früher einmal Pulverturm war.

Auf dem Festungsgelände stehen das *Akershus Slott,* das in den Sommermonaten zu besichtigen ist, und das *Hjemme-* unterirdischen Gewölben. *Juni–Aug. Mo–Sa 10–17, So 11–17 Uhr | 50 NOK | www. mil.no/felles/nhm/start/deutsch*

Gleich hinter dem Museum erhebt sich der ☀ Schutzwall, der kleine Anstieg dorthin ist ein absolutes Muss. Der Blick auf den Osloer Hafen und hinüber zu Aker Brygge begeistert zu jeder Jahreszeit, besonders aber im Sommer; der

Wie passend: Auf der Festung Akershus residiert auch das Verteidigungsministerium

*frontmuseet.* Im Südflügel des Schlosses befinden sich der Christian-IV.-Saal, Repräsentationssaal der norwegischen Regierung, und die Kapelle. Im Anbau des Mausoleums ruhen die Könige Haakon VII. und Olav V., Königin Maud und Kronprinzessin Märtha. *Schloss und Mausoleum Mai–Aug. Mo–Sa 10–16, So 12.30–16 Uhr | Führungen in Englisch Do 13 Uhr | 75 NOK | Straßenbahn 12: Christiania Torv*

Das *Hjemmefrontmuseum,* das den norwegischen Widerstand während des Zweiten Weltkriegs dokumentiert, liegt zwischen Schloss und Høymagasinet. Die Ausstellung befindet sich größtenteils in ganze innere Oslofjord liegt Ihnen hier zu Füßen. Angrenzend an die Festung befinden sich Kaserne, Lager und Stallungen. Die sorgsam restaurierten Gebäude werden heute unter anderem vom norwegischen Umwelt- und Verteidigungsministerium sowie von der berittenen Osloer Polizei genutzt. Im ehemaligen Arsenalgebäude ist das *Forsvarsmuseet* untergebracht. Das Museum illustriert die norwegische Militärgeschichte von der Wikingerzeit bis heute. *Mai–Aug. Mo–Fr 10–17, Sa/So 11–17, Sept.–April Mo–Fr 11–15, Sa/So 11–16 Uhr | Eintritt frei | www.fmu.mil.no*

## 2 INSIDER TIPP ARKITEKTURMUSEET
### (113 F2) (🗺 H5)

Gleich neben dem Museum für Gegenwartskunst, im ersten Osloer Zentralbankgebäude von 1830, gibt es einen Querschnitt durch drei Epochen norwegischer Architektur. 1911 bekam das Haus ein Magazin dazu; den Zwischenraum nutzte der norwegische Architekt Sverre Fehn 2008 für einen Pavillon aus Beton und Glas. Dieser Stilbruch sorgt in norwegischen Architekturkreisen, aber auch bei Besuchern für kontroverse Debatten. *Di, Mi, Fr 11–17, Do 11–19, Sa/So 12–17 Uhr | Eintritt 50 NOK, So frei | Bankplassen 3 | www.nasjonalmuseet.no | Bus 60: Bankplassen*

## 3 CHRISTIANIA TORV
### (113 F2) (🗺 H5)

Es ist, als ob man sich in einem hübsch tapezierten Wohnzimmer befindet. Niedrige historische, aber auch moderne Häuser umrahmen das pittoreske Plätzchen Christiania torv, das einen spannenden Kontrast zu den Straßenschluchten von Kvadraturen bildet. Die Hektik der Stadt scheint weit entfernt, und es ist schwer zu glauben, dass hier einmal das Herz des alten Oslo schlug, fleißig am Markt gehandelt wurde und sogar Hinrichtungen stattfanden.

Auf dem Platz mit Blickrichtung Osten stehend, sehen Sie gleich zwei historische Gebäude: Der Ursprung des Fachwerkhauses *Rådmannsgården* auf der linken Seite geht auf 1626 zurück, es ist das älteste Haus des einstigen Christiania, in dem schon das Spital der Garnison und die Universitätsbibliothek untergebracht waren. Mitten auf dem Platz steht eine Skulptur der norwegischen Künstlerin Wenche Guldbrandsen – die Hand des Stadtgründers Christian IV. Die eigentliche Statue des Begründers von Kvadraturen steht merkwürdigerweise und historisch falsch auf *Stortorvet,* dem Großmarkt von Oslo.

Auf der rechten Seite der Rådhusgate steht INSIDER TIPP *Gamle Rådhus,* Christianias erstes Rathaus. Zwischen 1641 und 1733 wurden von hier aus die Geschicke der Stadt gelenkt. Nach einem Brand 1996 wurde das Restaurant *Det Gamle Raadhus* im alten Stil wieder aufgebaut, die urgemütliche *Lauritz Ruus Bar* im Haus ist um die Mittagszeit herum ein sehr beliebter Ort für einen herzhaften Lunch *(Mo–Fr 11.30–15 Uhr | €€). Straßenbahn 12: Christiania torv*

## 4 MUSEET FOR SAMTIDSKUNST
### (113 F3) (🗺 H5)

In der ehemaligen Zentralbank hat zeitgenössische Kunst Schalter und Geldschränke verdrängt. Das in Marmor und norwegischem Granit gehaltene Gebäude von 1907 beherbergt 4700 Werke zumeist norwegischer Künstler. Bemerkenswert ist die thematische Breite der Wechselausstellungen: vom eher traditionellen Gemälde über Videoinstallationen bis zu Kunstfilmen und Versuchen in Klangkunst. Zu den festen Installationen gehören „Innerer Raum V" des norwegischen Künstlers Per Inge Bjørlo und der „Müllmann" des Russen Ilya Kabakov. *Di, Mi, Fr 11–17, Do 11–19, Sa/So 12–17 Uhr | Eintritt 50 NOK, So frei | Bankplassen 4 | www.nasjonalmuseet.no | Bus 60: Bankplassen*

## 5 OSLO RÅDHUS ★ (113 E2) (🗺 H4)

In den 1920er- und 1930er-Jahren wurden die Hausbesitzer im Osloer Hafenviertel Pipervika enteignet, die Häuser abgerissen: Der Platz wurde für das monumentale, von den Architekten Arnstein Arneberg und Magnus Poulsson entworfene Rathaus gebraucht. 1931 legte man den Grundstein, endgültig fertig war das Rathaus jedoch erst 1950.

Nicht alle Osloer sind vom komplett in rotbraunem Backstein gebauten Gebäude mit den beiden massigen, quadratischen, über 60 m hohen Türmen begeistert. Mehr oder weniger liebevoll bezeichnen sie es als *geitost* – wie der typisch norwegische braune Ziegenkäse

Massiges Tor zur Welt: Oslos Rathaus

der in eckigen Klumpen verkauft wird. Seit vor einigen Jahren der Verkehr in den Untergrund verbannt wurde, ist der Sitz der Osloer Stadtregierung endlich eine weithin sichtbare Landmarke als Tor zur Welt. Im Uhrenturm bilden 49 Glocken Nordeuropas größtes Glockenspiel. Jeden Mittwoch um 13 Uhr ist ein **INSIDER TIPP** Miniglockenkonzert zu hören. Das Innere des Rathauses ist ein kleines Kunstmuseum. Die Halle schmückten Henrik Sørensen und Alf Rolfsen aus. Aber auch Künstler wie Per Krogh, Dyre Vaa und sogar Edvard Munch (Munchsaal) haben mitgestaltet. Einmal im Jahr steht das Rathaus im Blickpunkt der Weltöffentlichkeit: Immer am 10. Dezember wird im großen Saal der Friedensnobelpreis überreicht. *Tgl. 9–18 Uhr, Führungen tgl. 10, 12, 14 Uhr | Eintritt frei | Rådhusplassen 1 | Straßenbahn 12: Rådhusplassen*

# FROGNER

**Der Stadtteil zwischen Schloss und Frognerpark ist das Osloer Bürgerviertel. Die Straßen um den U-Bahnhof Majorstuen säumen Häuserzeilen aus dem späten 19. und frühen 20. Jh. Viele der etwas von der Straße zurückliegenden Stadtvillen beherbergen diplomatische Vertretungen. Frogner wirkt zwar gesetzt, ist aber doch immer trendy.**

Es gibt viel Grün, Platz für Kinder und gute Nachbarschaft. Prachtvolle Villen, umgeben von kleineren Parks, in anderen Straßen wieder dicht an dicht stehende Mietshäuser – Stadthöfe genannt –, mit und ohne Erker, sind eine Augenweide für Architekturinteressierte. Die bekanntesten und schönsten Volksparks der Stadt liegen in Frogner. Der schönste Teil des Viertels ist das Gebiet zwischen Frognerveien und Gyldenløves gate. Beide Straßen führen zum Frognerpark hinauf.

**1 FROGNERPARKEN** ●
(106 A–B 1–2) (*D–E 1–2*)
Das Schmuckstück unter Oslos Parks ist zugleich die meistbesuchte Sehenswürdigkeit der Hauptstadt. Weil der weltberühmte Vigelandspark *(siehe dort)* im

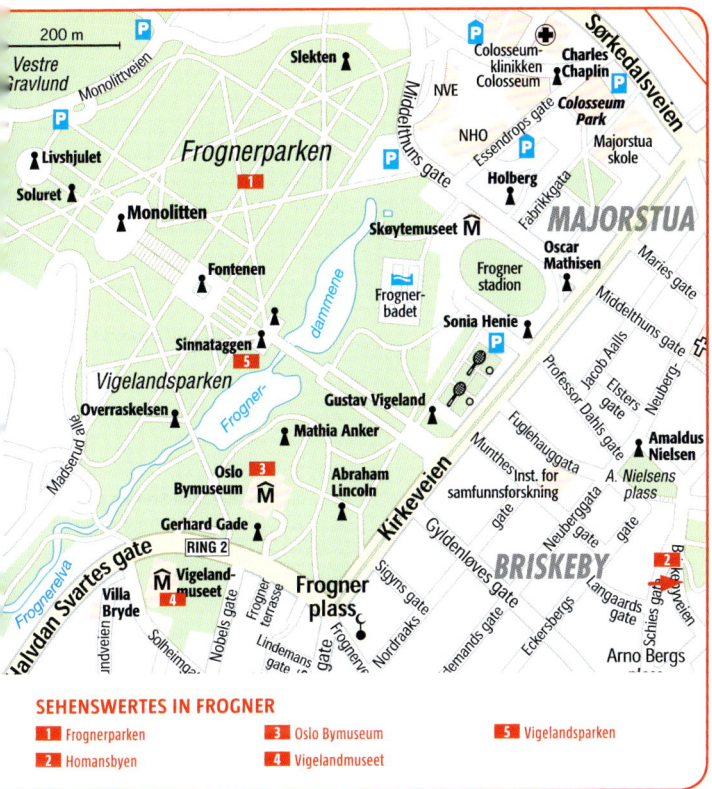

200 m

Vestre Gravlund
Monolittveien

Slekten

Colosseum-klinikken Colosseum
Charles Chaplin
Sorkedalsveien
NVE
Colosseum Park
NHO
Essendrops gate
Majorstua skole
Middelthuns gate

Frognerparken **1**

Livshjulet
Soluret
Monolitten
Fontenen

Holberg
Fabrikkgata
Skøytemuseet M
MAJORSTUA
Oscar Mathisen
Frogner stadion
Frogner-badet
Sonia Henie
Maries gate
Middelthuns gate
Jacob Aalls gate
Professor Dahls gate
Neuberg

Sinnataggen **5**
dammene
Frogner-

Vigelandsparken
Overraskelsen
Madserud alle
Frogner-
Gustav Vigeland
Mathia Anker
Munthes gate
Fuglehauggata
Inst. for samfunnsforskning gate
Amaldus Nielsen
A. Nielsens plass
Neubergs

Oslo Bymuseum **3** M
Abraham Lincoln
Kirkeveien
Gyldenloves gate

Gerhard Gade
RING 2
Halvdan Svartes gate
Frognerelva
Villa Bryde
Vigeland-museet M
**4**
Frogner plass
Signrs gate
Nordraaks gate
Lindemans gate
Frognerv
BRISKEBY
Langaards gate
Briskebyveien **2**
Schies gate
Eckersbergs
Arno Bergs plass

## SEHENSWERTES IN FROGNER

**1** Frognerparken   **3** Oslo Bymuseum   **5** Vigelandsparken

**2** Homansbyen   **4** Vigelandmuseet

südlichen Zipfel des Parks liegt und den meisten Besuchern ein paar Bilder von den monumentalen Vigeland-Skulpturen wichtig sind, versäumen sie es, in dem wunderschönen, romantischen Landschaftspark einen ausgiebigen Bummel zu machen. 3000 Bäume, darunter exotische Arten wie Magnolien-, Ginkgo- und Mammutbäume, säumen die Spazierwege. Norwegens größter Rosengarten mit 150 Arten und rund 14 000 Pflanzen gehört ebenfalls zum Frognerpark.

Dass die Osloer besonders am Wochenende zum Frognerpark pilgern, einen Picknickkorb mitbringen und bis zum Abend dort sitzen, hat auch mit den langen Traditionen von Schwimmbad und Stadion im Park zu tun. Schon 1901 wurde eine Eislaufbahn angelegt, und bis in die 1930er-Jahre fanden hier zahlreiche Weltmeisterschaften statt. Im *Frogner Stadion* spielte Norwegens Fußballmannschaft ihr erstes Länderspiel – 1910 gegen Schweden. Das in den 1950er-Jahren eröffnete Freibad *Frognerbadet* am Nordrand ist nach wie vor beliebt *(Mo–Fr 7–19.30, Sa/So 10–18 Uhr | 80 NOK).* Auf den 3 ha Grünflächen des Parks tummeln sich an warmen Sommertagen bis zu 4000 Gäste, beim alljährlichen Rockfestival *Norwegian*

*Wood* mindestens fünfmal so viel. *Ganzjährig rund um die Uhr geöffnet | Bus 20, Straßenbahn 12: Vigelandsparken oder Frogner stadion, T-Bahn: Majorstuen*

### 2 INSIDER TIPP ▶ HOMANSBYEN
*(107 E3) ( 🛧 G2)*

Zwischen Uranienborgveien im Süden und Pilestredet im Norden wuchs in der zweiten Hälfte des 19. Jhs. Nordeuropas erste „Villenstadt" heran. Der Gesamteindruck ist heute leider durch Verkehrsaufkommen und neue Bauten in der Nachbarschaft getrübt, doch Kenner erkennen den Prunk und die schmuckvollen Details ziemlich schnell. Inspiriert von englischen Stadtvillen, ließen die Gebrüder Homan entlang der Straßen *Oscars gate, Josefines gate* und *Gustavs gate* ab 1858 großzügige Häuser bauen, die die wachsende Beamtenschaft Oslos anlocken sollten. Fabriken, Kleinbetriebe und Restaurants wurden von Anfang an ausgeschlossen, hier stand der Rückzug ins Private im Vordergrund. Zu den schönsten Beispielen dieser buchstäblich reichen Architektur, die man leider nur von außen bestaunen kann, gehören das Haus *Josefines gate 13,* 1860 im französisch-gotischen Château-Stil mit Türmen und schmuckvollen Dachfassaden gebaut, und das im Südwesten von Homansbyen auf einer Anhöhe liegende *Uranienborgslott,* eine Villa im Neorenaissancestil mit Turm und Kuppel. *Straßenbahn 11: Homansbyen*

## LOW BUDG€T

▶ Mit der Tageskarte der städtischen Verkehrsbetriebe *Ruter* können Sie für 75 NOK nicht nur frei U- und Straßenbahn fahren, sondern auch die Passagierschiffe, die vom Anleger Vippetangen **(113 F4)** *( 🛧 H6)* aus die vorgelagerten Inseln der Stadt anlaufen, rund um die Uhr nutzen. Die Karte wird an allen Haltestellen, an Narvesen-, 7-Eleven-, Mix- und Deli-de-Luca-Kiosken verkauft.

▶ Eine der schönsten Aussichten auf Oslo ist gratis. Die atemberaubende Fahrt im ☆ gläsernen Fahrstuhl zur ● *34 Skybar* im 34. Stock des Plaza Hotels **(114 C1)** *( 🛧 K4)* ist allerdings nichts für Menschen mit Höhenangst.

▶ Wer z. B. in der *Nationalgalerie* ein Ticket für 50 NOK kauft und über eine gute Kondition verfügt, darf damit am selben Tag auch die anderen drei Nationalmuseen *(Arkitekturmuseet, Museet for Samtidskunst und Kunstindustrimuseet | nasjonalmuseet.no)* besuchen. Oder geht sonntags hin, dann sind alle umsonst.

### 3 OSLO BYMUSEUM
*(106 B2–3) ( 🛧 E2)*

Wunderschön eingebettet in den stilleren Teil des Frognerparks liegt der prachtvolle Herrenhof nach dänischem Vorbild, der seine Gestalt mit eher unnorwegischem Fachwerk Ende des 18. Jhs. bekam. Die Ausstellungen im heutigen Stadtmuseum behandeln Oslos Geschichte vom Mittelalter bis heute. Schönster Raum im ersten Stock des Haupthauses ist der Ballsaal des Kammerherrn Bernt Anker, der bei der umfangreichen Renovierung nach 1790 eingerichtet wurde. Die Wände der oberen Räume schmücken Gemälde mit Osloer Landschaften aus dem 19. Jh. Seit 2011 ist auch das Osloer Theatermuseum im Stadtmuseum untergebracht. *Di–So 11–17 Uhr | Eintritt frei | Frognerveien 67 | www.oslomuseum.no | Bus 20, Straßenbahn 12: Frogner plass*

**4 VIGELANDMUSEET**
(106 A3) (📖 D2)

Der Vigelandspark ist das Werk, das Vigelandmuseum der Arbeitsplatz. Die Räume in der neoklassizistischen Villa nur fünf Spazierminuten vom Park entfernt waren Gustav Vigelands Werkstätten. Zwischen 1924 und 1943 wohnte und arbeitete er hier und hinterließ der Nachwelt rund 1600 Skulpturen, 12 000 Zeichnungen und 300 Holzschnitte. Die Urne des Künstlers befindet sich im Turm des Museums, drei der insgesamt 14 Säle sind wechselnden Ausstellungen auch

Vigeland (1869–1943) mehr als 1 Mio. Besucher an. Die bekannteste Skulpturensammlung Nordeuropas wurde nach Plänen des Künstlers entlang einer 850 m langen Achse im Frognerparken angelegt. Vigeland gruppierte seine Arbeiten in fünf Einheiten: das Haupttor, die Brücke mit dem Kinderplatz, an dem auch die berühmte Skulptur „sinnataggen" (der kleine wütende Junge) steht, die Fontäne, das erhöhte Plateau mit dem „Monolithen" und schließlich das „Lebensrad". Besonders die Bedeutung des 17 m hohen Monolithen mit seinen

Mit Geduld und Spucke: 14 Jahre arbeiteten die Steinmetze an Gustav Vigelands Monolithen

anderer Künstler vorbehalten. *Juni–Aug. Di–So 10–17, Sept.–Mai 12–16 Uhr | April–Sept. 50 NOK, Okt.–März Eintritt frei | Nobelsgate 32 | www.vigeland.museum.no | Bus 20, Straßenbahn 12: Frogner plass*

**5 VIGELANDSPARKEN ⭐ ●**
(106 A–B 1–2) (📖 D–E 1–2)

Jedes Jahr locken die 212 aus Bronze, Granit und Schmiedeeisen geschaffenen Skulpturen des Bildhauers Gustav

121 aus einem Stein gemeißelten Figuren gibt den Kunsthistorikern Rätsel auf: Ist es das Streben nach Höherem? Die Vision von einer Auferstehung? Oder nur der Ausdruck der Zusammengehörigkeit von Menschen? Vigeland hatte das Kunstwerk in den Jahren 1924–1925 entworfen, für die Fertigstellung brauchten drei Steinmetze insgesamt 14 Jahre. Wenn Sie bei schönem Sommerwetter die Muße zu einem abendlichen

Bummel im Vigelandspark haben, gehen Sie zum Monolithen hinauf und blicken **INSIDER TIPP** nach Osten (!) in den Sonnenuntergang. Bis zu den Häusern an den Osthängen der Stadt schweift der Blick, wo sich das tiefrote Abendlicht spiegelt und auf die Dächer der Hauptstadt zurückgeworfen wird. Das Lichtspektakel in ihrem Rücken ist nicht minder faszinierend. Dort liegt die Holmenkollenschanze im Schatten des Sonnenuntergangs. Ein traumhaft schöner Abschluss eines Urlaubstags in Oslo. *Ganzjährig rund um die Uhr geöffnet | Eintritt frei | www.vigeland.museum.no | Straßenbahn 12: Vigelandsparken oder Frogner stadion, T-Bahn 1–6: Majorstuen*

# OSTEN

**In Gamlebyen, der Altstadt, liegt die Wiege der Stadt Oslo. Erst mit dem Aufbau des Stadtviertels Kvadraturen nach 1624 verschob sich der Mittelpunkt der Stadt von Osten nach Westen. Die Gebiete östlich von Akerselva blieben als Arbeiter- und Industriegebiete zurück und bildeten den Hinterhof der Hauptstadt mit großen sozialen Problemen.**

Das hat sich in den vergangenen Jahren geändert. Oslos Osten gewinnt an Attraktivität, neue Architektur lockt vor allem junge Menschen an. Stadtteile wie Grünerløkka haben ihren Mief abgestreift. Sie sind trendy und strotzen vor Vitalität, Lebensqualität und Kultur.

Oslos neuer Stolz, das Opernhaus, steht denn auch ganz bewusst nicht im bürgerlichen Westen der Stadt, sondern in der Bucht Bjørvika – im Osten. Ist der Verkehr erst einmal in Tunnel und unter den Fjord verbannt, wird das weiße Opernhaus das Herzstück einer Stadtentwicklung zurück gen Osten sein.

Im Osten was Neues: Die Oper wurde ganz bewusst nicht in Oslos bürgerlichem Westen gebaut

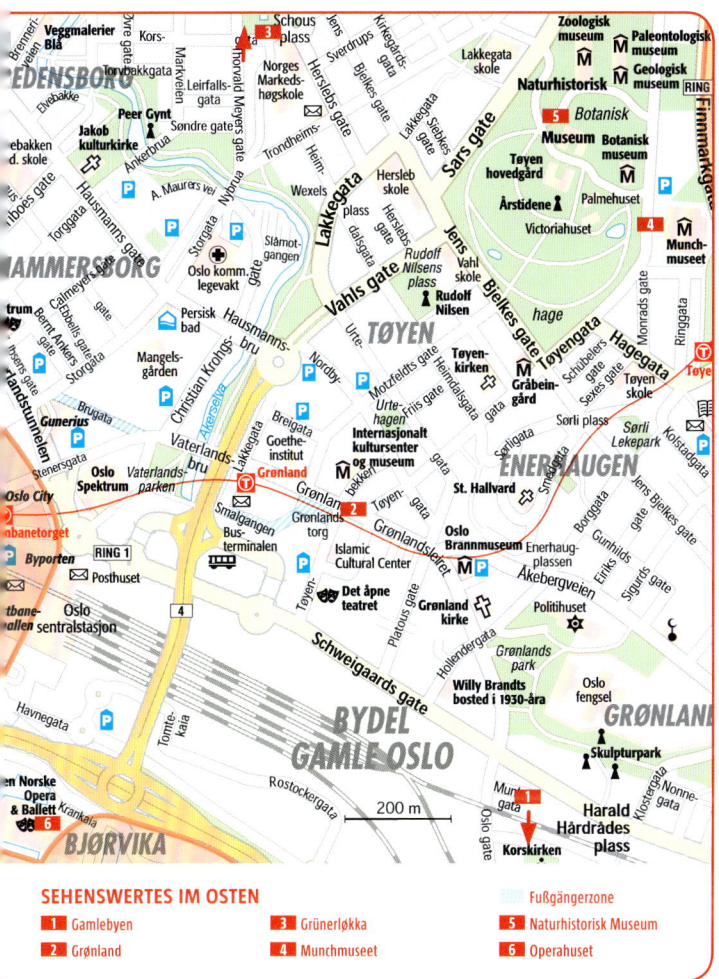

## SEHENSWERTES IM OSTEN

**1** Gamlebyen

**2** Grønland

**3** Grünerløkka

**4** Munchmuseet

Fußgängerzone

**5** Naturhistorisk Museum

**6** Operahuset

**1 GAMLEBYEN** (115 E3–4) (⌇ L5–6)
Wie zu einem italienischen Küstenstädt-
chen schlängelt sich die Straße am Hang
hinauf nach *Gamlebyen*, der „alten Stadt"
und Oslos historischem Stadtkern. Bis
zu fünfstöckige Stadthöfe prägen auch
dieses Viertel, aber es gibt reichlich
Platz und viel historische Bebauung.

Junge Leute wohnen gern hier, viele
Einwanderer haben sich in Gamlebyen
niedergelassen. Der *Sultan Grill* und das
traditionsreiche Restaurant *Oslo Spisefo-
retning* servieren ihre Gerichte Wand an
Wand, ein schöner Ausdruck für das Nebeneinander der verschiedenen Kulturen
in diesem Stadtviertel.

Vom Jahr 1000 bis zum großen Brand 1624 war Gamlebyen das eigentliche Oslo. Es lag zwischen der Bucht von Bjørvika und Grønland und streckte sich noch

Auf den Straßen von Grønland

ein Stückchen den Hügel von Ekeberg hinauf. Obwohl dieses mittelalterliche Oslo nur 600 m lang war und gerade mal 3000 Einwohner zählte, war es ein bedeutendes Machtzentrum. Hier wurde gehandelt, hier hatten König und Bischof mit sechs Kirchen und drei Klöstern ihren Sitz. Die Überreste jenes geistigen und weltlichen Machtzentrums sind bis heute zu sehen. Beim heutigen Bischofssitz am St. Halvards plass 3 *(Straßenbahn 18, 19, Bus 70: St. Halvards plass)* können Sie im **INSIDER TIPP** *Minneparken* die Ruinen der Hallvardskathedrale, des Olavsklosters und der Kreuzkirche besichtigen. Die Kathedrale wurde um 1100 im romanischen Stil gebaut und war nach dem Nidarosdom in Trondheim Norwegens größte Kirche. Der Bischofssitz entstand auf den Ruinen des Olavsklosters. Ein kleiner Spaziergang Richtung Fjord führt zum *Middelalderparken,* eingeklemmt zwischen Bahnlinie und Autobahn, dem einstigen

Machtzentrum des Adels. Hier sehen Sie die Ruine der Mariakirche, Kirche und Grabstätte der mittelalterlichen Könige. Auch die Königsburg mit ihrer großen Festhalle lag hier am Fjord. *Vannspeilet,* der kleine, künstliche See, markiert, wo im Mittelalter das Fjordufer lag.

### ■2 GRØNLAND (115 D1–2) (ſ K–L4)
Plaudernd schieben die junge Frau im Tschador und die Punkermutti ihre Kinderwagen nebeneinander her. Im Hintergrund sind die Türme einer Moschee zu erkennen. Grønland, etwas versteckt hinter dem Hauptbahnhof Oslo S, von Grünerløkka im Norden und Gamlebyen im Süden eingeschlossen, ist Oslos kultureller Schmelztiegel. Hier trifft nüchterne skandinavische Kultur auf viele fremde Einflüsse. Weil sich seit den 1960er-Jahren Einwanderer, vor allem aus Pakistan, hier niedergelassen haben, wird der Stadtteil auch „Little Karachi" genannt. Exotische Geschäfte, fremdländische Gerüche, unbekannte Sprachen – in Grønland ist die Welt zu Hause! Dazu gibt es hier noch viel typisch Norwegisches. Beispielsweise das *Asylet* gegenüber Grønland torg. 1740 als Handelshaus gebaut, diente es seitdem als Gericht und Krankenhaus, als Kinder- und als Altersheim. Heute ist es ein uriges Restaurant. Im *Basar* (Ecke Grønlandleiret/Tøyenbekken) werden Sie nicht gerade von einem Teppichhändler bedrängt, doch in dem orientalisch anmutenden Einkaufszentrum liegen das typisch norwegische *Vinmonopolet* und das *Thai House* gleich nebeneinander. In Grønland erleben Sie die spannende Symbiose der Kulturen. *T-Bahn 2, 3, 4, 5, 6: Grønland*

### ■3 GRÜNERLØKKA
#### (109 D2–4) (ſ K2–3)
Als „beste Ostseite" wird der Stadtteil Grünerløkka gern bezeichnet. Mit der

Stadterweiterung von 1858 entstanden östlich des Flüsschens Akerselva aus Brandschutzgründen Backsteinwohnhäuser, die die Ära des Holzbaus beendeten. Das Tempo, in dem das Stadtviertel wuchs, war dermaßen hoch, dass Grünerløkka damals auch als „Ny York" bezeichnet wurde.

In den 60er- und 70er-Jahren des vergangenen Jahrhunderts waren die für Grünerløkka typischen Stadtwohnhöfe, vier- bis fünfstöckige Wohnkasernen, von denen einige zusammen einen Block mit Innenhof bilden, derart heruntergekommen, dass man das ganze Quartier

weiterhin dort. Das Leben im Stadtteil pulsiert: Konzerte unter freiem Himmel, Ausstellungen oder Dokumentarkino – Kulturinteressierte finden in Grünerløkka immer ein Angebot und stets ein kleines Café gleich in der Nähe. In den Geschäften wird von norwegischen Designerkleidern über moderne Keramik bis zu exotischem Gemüse alles angeboten. Wer an einem Sommertag die Thorvald Meyers gate, Grünerløkkas Hauptstraße, entlangspaziert *(Straßenbahn 11, 12, 13: Olaf Ryes plass)*, genießt ein Straßenleben, das dem Treiben auf der Karl Johans gate in nichts nachsteht.

Das Beste vom Osten: Hausbesetzer bewahrten Grünerløkka vor der Abrissbirne – zum Glück!

abreißen und in modernem Stil wieder aufbauen wollte. Hausbesetzer verhinderten dies, und mehr und mehr junge Leute und Künstler zogen nach Grünerløkka. Heute ist das ehemalige Arbeiterquartier ein lebendiges Viertel für alle: Es ist in, mit Künstlern und Einwanderern in bunt gemischter Nachbarschaft zu wohnen. Und die wenigen Industriearbeiter, die es noch in Oslo gibt, wohnen auch

## 4 MUNCHMUSEET ★
(109 F5) (*M3*)

Einer der berühmtesten Norweger überhaupt ist der Maler Edvard Munch (1863–1944). Munch, der auch ein umfassendes grafisches Werk hinterließ, gilt als einer der wichtigsten Wegbereiter des Expressionismus. Das Museum (1963) in Tøyen zwischen Grünerløkka und Gamlebyen birgt die größte Sammlung seiner Werke.

Munch vermachte der Stadt Oslo 1100 Gemälde, 15 500 Grafiken und 4700 Zeichnungen.

Die umfassende Ausstellung verschafft einen ausgezeichneten Eindruck vom Leben und Wirken des norwegischen Künstlers, dessen Werke „Der Schrei" oder „Mädchen auf der Brücke" weltberühmte

Die Augen von Oma Ida? So soll unsere Urahnin ausgesehen haben

Gemälde von unschätzbarem Wert sind. *Juni–Aug. Mo–Fr 10–21, Sa 11–17, So 11–21 Uhr, sonst Di–Do 10–21, Fr 10–16, Sa 11–17, So 11–21 Uhr | 95 NOK im Sommer, sonst gratis | Tøyengata 53 | www.munch.mu seum.no | T-Bahn 1–6: Tøyen*

### 5 NATURHISTORISK MUSEUM
(109 E–F4) (*L3*)

In der Fossilienabteilung dieses Museums ist **INSIDER TIPP** *Ida* zu Hause. Der erste nachgewiesene Primat der Geschichte lebte vor 47 Mio. Jahren und wurde 1983 als erstaunlich intaktes Fossil in Messel südlich von Frankfurt gefunden. Das Osloer Museum erwarb das Fundstück 2007 und präsentierte im Mai 2009 das Ergebnis einer Analyse des norwegischen Paläontologen Jörn Hurum. Danach soll Ida das fehlende Glied in der Entwicklung vom Tier zum Menschen sein.

Der *Botanische Garten* des Museums ist eine grüne Spazieroase. Besonders schön ist der *Duftgarten* (auch für Sehbehinderte und Rollstuhlfahrer angelegt) mit rund 90 verschiedenen Pflanzen. Norwegens Bergflora erleben Sie im *Fjellhagen,* dem Alpingarten. Im Miniaturgebirge mit Bächlein und Wasserfällen wachsen bis zu 1400 Bergpflanzen. *Museum Di–So 11–16 Uhr, Botanischer Garten Mitte März–Sept. Mo–Fr 7–21, Sa/So 10–21, Okt.–Mitte März Mo–Fr 7–17, Sa/So 10–17 Uhr | Eintritt Museum 50 NOK | Sarsgate 1 | beim Munchmuseum | T-Bahn 1–6: Tøyen, Bus 60: Tøyen kirken*

### 6 OPERAHUSET ★
(114 B–C3) (*J–K5*)

Oslos ganzer Stolz ist das 2008 eingeweihte Opernhaus direkt an der Bucht Bjørvika. Die Idee des Architekturbüros Snøhetta war es, das neue Haus wie einen Eisberg aus dem Oslofjord auftauchen zu lassen.

Ob Eisberg oder Marmorberg: Das in seiner Form äußerst ungewöhnliche Opernhaus lässt niemanden kalt. Snøhetta schuf in einer eher unwirtlichen Ecke des Osloer Hafens ein Monument modernen Designs und eine Landmarke von internationalem Ruf. Nicht nur Fachleute, die das Bauwerk mit Sydneys berühmter Oper vergleichen, begeistern sich für die kubische Form und die spannende Kombination aus weißem Stein und viel Glas. Das neue Haus soll eine Oper buchstäblich zum Anfassen sein. Das schräge, zum Wasser abfallende ☀ Marmordach ist begehbar, und ein Spaziergang hinauf garantiert einen tollen Blick über Oslo und das Hafengelände. Die Osloer haben ihre Oper mit offenen Armen angenommen und inzwischen entdeckt, dass sie ● INSIDER TIPP auf dem Dach sogar picknicken können. *Foyer Mo–Fr 10–23, Sa 11–23, So 12–22 Uhr, Führungen in Englisch tgl. 14 Uhr, Billettschalter Mo–Fr 9–20, Sa 11–18, So 12–18 Uhr | von Oslo S über eine Fußgängerbrücke in 5 Min. zu erreichen | www.operaen.no*

# IN ANDEREN VIERTELN

### ST. HANSHAUGEN
(108 A–B 1–2) (*⌖ H–J 1–2*)
Nordwestlich von Frogner, hinter dem berühmten Leichtathletikstadion Bislett, liegt das Viertel St. Hanshaugen. Auch hier bildet ein Park den Mittelpunkt. In den Jahren nach 1850 wurde der St.-Hanshaugen-Park im Stil eines englischen Landschaftsgartens angelegt, seit 1910 hat er seine heutige Form. Mittelpunkt der Anlage ist *tårnhuset,* das im Stil der Neorenaissance gebaute, 14 m hohe Turmhaus am ☀ höchsten Punkt des Parks, von dem aus Sie eine der besten Aussichten hinunter auf die Stadt und den Fjord haben.

Die große Zeit des St.-Hanshaugen-Parks begann 1890. Park und Restaurant waren im Sommer derart beliebt, dass der Stadtgärtner in den 1930er-Jahren beklagte, der ganze Park rieche nach Schweiß. Es gibt zwar nur noch selten Parkkonzerte, aber noch immer ist das *Mittsommernachtsfest* im St.-Hanshaugen-Park ein absolutes Highlight nicht nur für die Bewohner des Stadtteils. *Bus 21, 37, 46: St. Hanshaugen*

# AUSSERHALB

### INSIDER TIPP ▶ EMANUEL-VIGELAND-MUSEUM (0) (*⌖ 0*)
Emanuel Vigeland (1875–1948), der jüngere Bruder des bekannteren Gustav Vigeland, ließ bereits 1926 ein Museum für seine Skulpturen und Malereien bauen. Zu Beginn der 1940er-Jahre verwandelte der stark von der italienischen Renaissance beeinflusste Künstler das Museum in ein Mausoleum: *Tomba Emmanuelle* (Emanuels Grab). Sämtliche Fenster wurden zugemauert, das Fresko, das Wände und Decken bedeckt, nannte er *vita:* Mit der Schöpfung und dem Sündenfall als Motiv schuf Emanuel Vigeland Hunderte nackter Männer- und Frauenfiguren, die Erotik und menschliche Triebe symbolisieren. Die Wirkung verstärkt sich durch das spärliche Licht im Mausoleum, die Dramatik des Kunstwerks tritt nur ganz langsam hervor – ein Erlebnis! *15. Mai–15. Sept. nur So 12–17, 16. Sept.–14. Mai So 12–16 Uhr | Eintritt 40 NOK | Grimelundsveien 8 | www.emanuelvigeland.museum.no | T-Bahn 1: Slemdal*

### HENIE-ONSTAD-KUNSTSENTER ★
(0) (*⌖ 0*)
Große Kunst am Fjord – im Henie-Onstad-Kunstzentrum, rund 15 km westlich von Oslo, kommen beeindruckende Architektur, Fjordlandschaft und ein bisschen Hollywoodglamour mit herausragender, europäischer moderner Kunst zusammen. Seinen Namen verdankt es dem norwegischen Eislauf- und Hollywoodstar der

Und ab geht die Post – auf Holmenkollens gigantischer neuer Sprungschanze

1920er- und 1930er-Jahre, Sonja Henie. Die Kunstsammlung, die sie und ihr Mann, der Reeder Niels Onstad, aufgebaut hatten – in der Hauptsache moderne französische Werke –, bildete als Schenkung die Grundlage des Kunstzentrums.

Fächerartig öffnet sich der Bau der beiden Norweger Jon Eikvar und Sven Erik Engebretsen zum Fjord hin, ragt aus der Landzunge Høvikodden heraus. 1968 wurde die Kunsthalle mit 110 Werken aus der Henie-Sammlung eröffnet. Henie und ihr Mann sind auf dem Hügel oberhalb des Zentrums begraben. Auf 3000 m² Ausstellungsfläche werden Teile der Sammlung und wechselnde Ausstellungen bedeutender norwegischer und internationaler Künstler präsentiert. Im Skulpturenpark ist Henry Moores „Knife Edge" eins der Hauptwerke. Vom Park aus empfiehlt sich eine kurze Spaziertour zunächst durch den Wald zum Fjordufer, wo Sie dem Ufer Richtung Oslo bis zum ⚜ Veritas-Gebäude folgen. Von dort haben Sie einen schönen Blick auf die Halbinsel Fornebu, früher Standort des Osloer Flugplatzes. *Di–Fr 11–19, Sa/So 11–17 Uhr | Eintritt 80 NOK, Mi gratis | www.hok.no | Bus 151 vom Osloer ZOB alle 15 Min., Fahrt ca. 25 Min. Høvikodden*

### HOLMENKOLLEN ★ ● ⚜
(116 B5) (*Ø 0*)

Wie ein riesiger Suppenlöffel sieht die neue Skisprunganlage aus, die im Frühjahr 2011 bei den Nordischen Skiweltmeisterschaften ihre erste große internationale Meisterschaft erlebt. Mit futuristischem Outfit, mit angenehmer Großzügigkeit in der Gestaltung und herrlichem Blick über Oslo, den Sie am Fuß der Schanze schon ahnen können. Spätestens seit den Nordischen Skiweltmeisterschaften 2011, als insgesamt rund 1,2 Mio. Menschen die Wettkämpfe vor Ort miterlebten, ist eine der berühmtesten Skisprunganlagen der Welt wieder das Mekka des Skisports. Von der ⚜ Plattform auf dem Turm haben Sie eine traumhaft schöne Aussicht über Oslo, den Fjord und Marka *(Skimuseum und Sprungturm Juni–Aug. tgl. 9–20, Mai/Sept. 10–17, sonst 10–16 Uhr | Eintritt 100 NOK für Museum und Turm).* Außer dem Skimuseum – in dem unter anderem Øvrebø-Skier aus dem 16. Jh. ausgestellt sind – und dem Skisimulator, einem gläsernen Fahrstuhl an der Außenwand des Schanzenturms und dem kleinen Café ist das Sommertraining der Skispringer ein weiterer guter Grund, ein paar Stunden auf dem Holmenkollen zu verbringen.

Versäumen Sie auch nicht, einen Spaziergang zur ☀️ **INSIDER TIPP** ▸ *Holmenkollen kapell* zu machen. Die dunkel gebeizte Holzkirche wird von der Königsfamilie gern zu besonderen Anlässen genutzt. Der Blick von dort über Oslo und die Wälder von Nordmarka ist wunderschön. *T-Bahn 1: Holmenkollen*

### MARKA (0) (🗺️ 0)
Fragt man Osloer, was an ihrer Stadt am schönsten ist, kommt die Antwort spontan: Marka! Nordeuropas größtes Naherholungsgebiet ist Teil der Osloer Identität. Wie ein riesiger grüner Kranz legt es sich um den Stadtkessel, lädt im Sommer zu Wanderungen auf beschilderten Wegen durch endlose Wälder, im Winter auf perfekt präparierten Loipen ein. Allein das Loipennetz durch Marka ist 2600 km lang!

Wer mag, kann tagelang wegbleiben und in einer der zahlreichen Hütten des norwegischen Wandervereins DNT eine Koje reservieren – und dennoch im Osloer Stadtgebiet übernachten. Die meisten Hütten werden bewirtschaftet, Sie bekommen eine warme Mahlzeit und ein ordentliches Wanderfrühstück. Wanderkarten gibt es im Buchhandel, nähere Auskünfte zu den Hütten finden Sie auf den deutschen Seiten von DNT *(www. turistforeningen.no)*. Den besten Einstieg in die Wälder von Marka haben Sie von *Holmenkollen* oder *Frognerseter* aus. Wer nur eine Joggingtour oder einen Ausflug mit den Kindern plant, kann sich von diesen beiden Haltestellen der T-Bahn 1 aus auch auf die Beschilderung entlang der Wanderwege verlassen.

# SPORTLICHE LEIDENSCHAFTEN

Beim größten Fußballturnier der Welt – bezogen auf die Teilnehmerzahl – geht es nicht um Geld, sondern dort zählen für Aktive und Zuschauer weiterhin nur der Sport und der Spaß. Auf den Wiesen *Ekebergsletta* im Osten der Stadt treffen sich Anfang August 30 000 Jungen und Mädchen zwischen 10 und 19 Jahren aus rund 50 Nationen von allen Kontinenten, um beim *Norway Cup* um den Ball zu spielen *(www.norwaycup.no)*. Ein besonderes Erlebnis!

Norwegen ist die Wiege des Skisports und das Skistadion *Holmenkollen* das Mekka aller Langläufer, Biathleten und Skispringer. Wer zwischen Februar und März nach Oslo kommt, sollte unbedingt vorab unter *www.holmenkollen.com* nachschauen, ob nicht zumindest eine Kreismeisterschaft oder gar eine Weltcup-Veranstaltung ansteht, sich ein Ticket sichern und einmal im Leben Holmenkollen-Duft schnuppern.

# ESSEN & TRINKEN

Einer, der es wissen sollte, spricht dem Osloer Essen glatt eine eigene Identität ab. Eyvind Hellstrøm, Norwegens erster, aber längst nicht mehr einziger Gewinner des Kochwettbewerbs Bocuse d'Or, ist der bekannteste Koch des Landes und sucht bisher erfolglos nach der wahren „Osloer Küche". Es gibt sie nicht, davon ist Hellstrøm überzeugt. Aber er wie die Besucher Oslos können sich sehr gut damit trösten, dass es mittlerweile eine ausgezeichnete internationale Küche gibt.

Natürlich schmecken die alten Hausrezepte wie *kjøttkaker* (Hackfleischklößchen) mit brauner Sauce oder *flesk og duppe,* gebratener Speck mit weißer Sauce und Kartoffeln. Sie sind noch am ehesten so etwas wie „Osloer National-gerichte" – sättigend und nicht zu teuer. Ein Fischgericht gehört natürlich auch dazu, aber *fersk torsk,* der frische Dorsch, schmeckt tatsächlich in den Monaten mit „r" am besten, im Sommer also weniger. Und dennoch mangelt es nicht an Spannbreite und Spannung auf dem Osloer Speisezettel, was vor allem dem großen internationalen Angebot zu verdanken ist. Das sorgt im Hochpreisland Norwegen im Übrigen auch dafür, dass Sie günstig und gut essen können. Asiatisches Essen, vor allem die indische und pakistanische Küche, dominiert. Auch der nächste Kebab-Imbiss und ein Würstchengrill sind nie weit weg. Norwegische Kioske oder *gatekjøkken* (Imbisse) halten mit *pølse* (Wurst), gebrüht oder gebraten, an jeder Straßenecke dage-

---

Bild: Ekeberg-Restauranten mit Blick über den Oslofjord

## Aus Mutters Küche oder lieber Bocuse d'Or? Oslo bietet Hausgemachtes und Weltmeister- liches, aber wenig Klasse in der Mitte

gen. Die Norweger sind auf dem besten Wege, Weltmeister im Verzehren von handlichem Fastfood zu werden. Gourmets trösten sich damit, dass es auch ganz am anderen Ende der Skala genug Auswahl gibt.

Eine kleine Besonderheit in Norwegen: *middag* wird nicht – wie der Name vermuten lässt – am Mittag, sondern gegen Abend gegessen. Die Restaurants füllen sich zumeist ab 19, öffnen aber bereits um 17 Uhr. Ihren Lunch essen Osloer zwischen 11.30 und 14 Uhr auch

gern im Restaurant. Viele Gaststätten bieten Lunchkarten mit kleineren, deutlich günstigeren Gerichten an. Bier oder Wein sind teuer, und es ist durchaus üblich, zum Essen nur *vann* (Leitungswasser) zu bestellen. Bezahlt wird in Restaurants, Cafés und Kneipen meist mit Kreditkarte, mit Bargeld nur noch selten. Beachten Sie, dass die meisten Lokale mit „Café" im Namen auch warme Gerichte anbieten, aber nicht unbedingt eine Kuchenkarte haben. Die gibt es in der *konditori*. Auch preislich unterschei-

Reif für eine Kur? In Dr. Kneipp's Vinbar versteht man sich besonders auf Weinanwendungen

den sich manche Cafés nicht von Restaurants.

### CAFÉS

**INSIDER TIPP ▸ GODT BRØD** ☺
(109 D3) (*M K2*)
Die Backstube ist offen, große und kleine Gäste genießen frisches Brot und *Boller*, also Gebäck verschiedenster Art – alles ökologisch, deswegen etwas teurer, aber sehr lecker. Schon ab 6 Uhr geöffnet! *Thorvald Meyersgate 49 | Straßenbahn 11, 12, 13: Olav Ryes plass; Filialen: Theresegate 33* (107 F1) (*M H1*) und *Nydalen Allé 1* (105 D3) (*M O*)

### KAFFEEBRENNERIET
Auch in Oslo schießen Kaffeebars wie Pilze aus dem Boden. *Kaffeebrenneriet* hat in der Stadt knapp 20 Filialen und überrascht mit günstigen Preisen für sehr guten Kaffee. Die Leckereien dazu kommen aus der eigenen Bäckerei. Im Zentrum gibt es zwei Filialen. *So geschl. | Storgata 2* (108 B6) (*M J4*) *| Akersgata 45* (108 A5) (*M J4*)

### PASCAL KONDITORI (107 E5) (*M G4*)
Süße Köstlichkeiten und kleine Mahlzeiten serviert der mehrfach ausgezeichnete Konditor Pascal Dupuy an der Henrik Ibsens gate gleich gegenüber dem Schloss. Hier war schon der ehemalige US-Präsident Bill Clinton zu Gast. *Henrik Ibsens gate 36 | Straßenbahn 13, 19: Slottsparken*

### VALKYRIEN TE & KAFFE ●
(106 C1) (*M F1*)
Wer durch den Westen der Stadt nahe dem Frognerpark bummelt, sollte hier seine Tee- oder Kaffeepause einlegen. Es duftet es nach der ganzen Welt, Sie werden sehr nett und fachkundig bedient. Der Platz ist begrenzt, aber dafür haben Sie viel Zeit zum Schauen. Nehmen Sie gleich noch ein Päckchen Kaffee mit nach

Hause. *Kirkeveien 59 | Straßenbahn 11, 12, 19: Majorstuen*

### WAYNE'S COFFEE (107 D5) (*⊘ F4*)

Die Kaffeebar gibt es in Oslo viermal, sie gilt als Topadresse unter Kennern. In der Bar am *Solli plass* südwestlich des Schlossparks können Sie im Sommer Ihren Kaffee auch draußen genießen. *Henrik Ibsens gate 90 | Straßenbahn 12, 13, Bus 30, 31: Solli plass*

**RESTAURANTS €€€**

### EKEBERG-RESTAURANTEN ★ ⋎ (115 D5) (*⊘ K–L7*)

Kontinentales Essen hoch über dem Oslofjord mit herrlicher Aussicht. Große Auswahl speziell auch auf der Lunchkarte. *Kongsveien 15 | Tel. 23 24 23 00 | www.ekebergrestauranten.com | Straßenbahn 18, 19: Sjømannsskolen*

### GREFSENKOLLEN ⋎ (0) (*⊘ 0*)

Essen der Sonderklasse, eingebettet in schönste Hügellandschaft und mit einem herrlichen Blick. Inklusive Moschusochse über dem Kamin und offener Küche. *Mo geschl. | Grefsenkollveien 100 | Tel. 22 79 70 60 | Bus 56: Trollveikrysset, 15 Gehmin.*

### LOFOTEN (113 D3) (*⊘ G5*)

Das exklusive Fischrestaurant liegt passend am Kai von Aker Brygge. Frischer Fisch und Meeresfrüchte aus Norwegen. Konservativ, aber nie langweilig serviert. *Stranden 75 | Tel. 22 83 08 08 | www.lofoten-fiskerestaurant.no | Straßenbahn 12: Aker Brygge*

### MARKVEIEN MAT & VINHUS (108 C4) (*⊘ K3*)

Lange bevor Grünerløkka in war, wurde hier schon französisch mit norwegischen Zutaten gekocht. In der dazugehören-

den **INSIDER TIPP** ▸ *Dr. Kneipp's Vinbar* genießen Sie die exklusiven Weine und Teile des Hauptmenüs auch günstiger. *So geschl. | Torvbakkgata 12, Eingang Markveien | Tel. 22 37 22 97 | Straßenbahn 11, 12, 13: Nybrua*

### STATHOLDERENS MAT & VINKJELLER (114 A2) (*⊘ J5*)

Bent Stiansen versteht es, Feste für den Gaumen zu arrangieren. Er hat seinen berühmten Statholdergaarden um ein Kellerrestaurant erweitert. In den Gewölben aus dem 17. Jh. werden kulinarische

**MARCO POLO HIGHLIGHTS**

★ **Ekeberg-Restauranten**
Ist die Aussicht noch besser als das Essen? Schwer zu sagen
→ S. 53

★ **Lofotstua**
Fisch frisch und gut – in einem Ambiente wie bei Fischers zu Hause → S. 55

★ **Le Canard**
Wo feine norwegische Zutaten auf französische Kochkunst und Weine treffen → S. 54

★ **Restaurant Oscarsgate**
Klein, fein und frei von Snobismus → S. 54

★ **Palace Grill**
Hier kommt man ohne Karte aus – mit viel Charme und ungezwungener Atmosphäre
→ S. 55

★ **Lorry**
Der Klassiker unter Oslos Kneipen mit illustren Gästen und einfacher Kost → S. 57

Welten zusammengeführt – ob Ente oder Dorsch, Hirsch oder Krustentiere: Norwegen trifft auf Asien, Frankreich auf Nordafrika, machen Sie sich auf ein Erlebnis gefasst! *So/Mo geschl. | Rådhusgaten 11 | Tel. 22 41 88 00 | www.statholdergaarden.no | Straßenbahn 10, 12, 13, 15, 17: Posthuset*

## RESTAURANTS €€

### BRASSERIE 45 (113 E1) (*M H4*)

Gegenüber dem Nationaltheater und trotzdem nicht leicht zu finden ist das Restaurant im 1. Stock des Parteigebäudes der norwegischen Christdemokraten. Die Räume wirken etwas kühl, das Personal gleicht dies durch sehr guten Service aus. Die Karte bietet stets vier spannende 3-Gänge-Menüs, der Mix aus asiatischer und französischer Küche ist durchweg gelungen. *Mo–Do 15–23, Fr/Sa 14–24, So 14–22 Uhr | Stortingsgaten 20, Eingang Roald Amundsens gate | www.brasserie 45.no | Bus 30, 31, 32, 54, 70, 74, Straßenbahn 13, 19: Nationaltheatret*

### KAFFISTOVA (114 A1) (*M H4*)

Typisch norwegisches Essen gibt es in der Kaffistova des Hotel Bondeheimen. Dazu gehören *raspeballer* (Klöße von der Westküste) und *boknafisk,* auf traditionelle Weise rauchgetrockneter Klipp-

# GOURMETTEMPEL

### Le Canard ★ (106 C4) (*M F3*)

Vom Guide Michelin ausgezeichnet, mit der besten Weinkarte Oslos und hervorragendem Service. In herrschaftlichem Ambiente werden exklusive Zutaten in norwegisch-französische Harmonie gebracht, was dem Restaurant sogar internationalen Ruhm eingebracht hat. Hauptgerichte ab 42 Euro. *Mo–Sa ab 18 Uhr | President Harbitz gate 4 | Tel. 22 54 34 00 | www.lecanard.no | Straßenbahn 19: Briskeby*

### Feinschmecker (106 B4) (*M E3*)

Bürgerlich ist das Restaurant im Stadtteil Frogner, klassisch der Stil der Küche. Der Küchenchef – Silbermedaillengewinner beim internationalen Kochwettbewerb *Bocuse d'Or* – erreicht im Feinschmecker europäisches Spitzenniveau. Spezialität: Eismeersaibling. Hauptgerichte ab 42 Euro. *Mo–Sa ab 17 Uhr | Balchens gate 5 | Tel. 22 12 93 80 | Bus 30, 31: Frogner kirke*

### Restaurant Oscarsgate ★ (107 F3) (*M G2*)

Fantasievolles Essen von extrem hoher Qualität hat dem Lokal einen Michelinstern eingebracht. Trotz der intimen Atmosphäre im kleinen Haus fehlt hier jeglicher Snobismus; günstig ist es aber trotzdem nicht. Das 8-Gänge-Menü kostet 140 Euro. *Di–Sa ab 18 Uhr | Pilestredet 63 | Tel. 22 46 59 06 | www. restaurantoscarsgate.no | Straßenbahn 17, 18: Dalsbergstien*

### Statholdergaarden (114 A2) (*M J5*)

Exklusives Lokal im Ambiente des 18. Jhs. und Essen vom Allerfeinsten. Saisonale norwegische Zutaten verzaubert der Michelinsternträger Bent Stiansen auf zugleich klassische und phantasievolle Art. Hauptgerichte ab 40 Euro. *Mo–Sa ab 18 Uhr | Rådhusgata 11 | Tel. 22 41 88 00 | www. statholdergaarden.no | Straßenbahn 10, 12, 13, 15, 17: Posthuset*

fisch. *Rosenkrantz gate 8 | Tel. 61 17 15 29 | Straßenbahn 11, 17, 18: Stortorvet*

### LOFOTSTUA ★ (106 C1–2) (*∅ F1*)

Einmal richtig norwegisch Fisch essen – ohne Schnickschnack und mit der Ungezwungenheit Nordnorwegens als erfrischende Zutat beim Service. *Mo–Fr ab 15 Uhr | Kirkeveien 40 | Tel. 22 46 93 96 | Bus 20, Straßenbahn 11, 12, 19, T-Bahn 1–6: Majorstuen*

### INSIDER TIPP ▶ OSLO SPISEFORRETNING
(115 E3) (*∅ L5*)

In dem gemütlichen Lokal werden norwegische Traditionsrezepte modernen Zuschnitts gereicht. Große Weinkarte. *Di–Sa ab 16 Uhr | Oslo gate 15 | Tel. 22 62 62 10 | Bus 34, 45, 46, 70, Straßenbahn 18, 19: St. Halvards plass/Dyvekes Bro*

### PALACE GRILL ★ ☘ (107 D5) (*∅ F4*)

Oslos bester Tipp für alle, die das Ungezwungene lieben. Es gibt weder Speisenoch Weinkarte, sondern nur das Zehn-Gänge-Menü des Tages, das gern auf die Wünsche der Gäste zugeschnitten und ausschließlich aus besten Zutaten bereitet wird. 23 Sitzplätze, Vorbestellung unmöglich – einfach anklopfen und ausprobieren! Selbst der Preis ist überraschend niedrig. *Mo–Sa ab 17 Uhr | Solli gata 2 | Tel. 23 13 11 40 | Straßenbahn 12, 13, Bus 30, 31: Solli plass*

### SULT (109 D2) (*∅ K1*)

Sult bedeutet Hunger und ist der Titel des wohl berühmtesten Knut-Hamsun-Romans. Im gleichnamigen Restaurant stillen kreative Köche den Hunger ihrer Gäste vor allem mit Fisch, der auf moderne und manchmal überraschende Art zubereitet wird. *Mo–Fr ab 16, Sa/So ab 12 Uhr | Thorvald Meyers gate 26 B | Tel. 67 10 99 70 | Straßenbahn 11, 12, 13, Bus 30: Birkenlunden*

Palace Grill: 23 Plätze, 10 Gänge, keine Karte

### YLAJALI (108 A4) (*∅ H3*)

Spannende Gerichte zu erschwinglichen Preisen. Mit Mittelmeer und Frankreich im Hinterkopf wird jede Woche ein Menü zu einem festen Preis komponiert. *Mo–Sa ab 17.30 Uhr | St. Olavs plass 2 | Tel. 22 20 64 86 | Straßenbahn 17: Tullinløkka*

## RESTAURANTS €

### INSIDER TIPP ▶ ASYLET ● (115 D1) (*∅ L4*)

Das Haus wurde um 1730 gebaut und war einst u. a. ein Kinderheim, daher der Name. In dem recht dunklen historischen Lokal und im pittoresken Hinterhof werden einfache Mahlzeiten wie *smørebrød* (belegte Brötchen) und gebratener Lachs mit Bier gereicht. *Grønland 28 | Tel. 22 17 09 39 | T-Bahn 1–6: Grønland*

## SPEZIALITÄTEN

▶ **elgsteak** – Elchbraten, mit Gemüse und gratinierten Kartoffeln serviert

▶ **finnbiff** – fein geschnittenes Rentierfleisch mit Sauerrahmsauce und braunem Ziegenkäse

▶ **kjøttkaker** – Hackfleischklößchen mit brauner Sauce (Foto li.)

▶ **kokt torsk** – pochierter Kabeljau, dazu Kartoffeln und Karotten

▶ **linje akevitt** – Aus Kartoffeln gebrannter Aquavit schippert im Eichenfass zweimal über den Äquator und reift dabei. Auf der Rückseite des Etiketts steht, auf welchem Schiff der hochprozentige Norweger die Weltreise machte

▶ **moltekrem** – Moltebeeren mit Schlagsahne verrührt

▶ **øl** – Norwegisches Bier ist nach dem Reinheitsgebot gebraut. Die leichteren Varianten für den Sommer heißen *sommerøl* oder *skjærgårdsøl*

▶ **reker** – Garnelen, im Sommer mit Weißbrot, Mayonnaise, Zitrone und Weißwein gereicht (Foto re.)

▶ **rømmegrøt** – Brei aus Sauerrahm und Milch. Schmeckt am besten mit *spekemat*

▶ **saft** – Sirup aus schwarzen Johannisbeeren *(solbær)* oder anderen Früchten. Als *toddi* wird er auch warm getrunken

▶ **spekemat** – gepökeltes Schweinefleisch, Lammfleisch *(fenalår)* und Würste

▶ **tilslørte bondepiker** – „verschleierte Bauernmädchen", ein Dessert aus gerösteten Brotkrumen, Apfelmus und Schlagsahne

▶ **vafler** – norwegische Waffeln, mit Sauerrahm, braunem Ziegenkäse *(geitost)* oder Marmelade serviert

▶ **vørterøl** – alkoholfreies ungegärtes Getränk aus Wasser, Malz und Hopfen

### CURRY & KETCHUP RESTAURANT
(106 C1) (*ru* F1)

Langweiliger Name, spannende Gerichte: Variantenreich und preiswert ist die indische Karte. Service und Atmosphäre sind manchmal etwas hektisch, was auch daran liegt, dass es immer Gäste gibt, die auf einen Platz warten. Tipp: Bestellen Sie Salat zum Hauptgericht – immer frisch! *Kirkeveien 51 | Tel. 22 69 05 22 | Straßenbahn 12: Frogner Stadion*

### JARLEN RESTAURANT
(109 F6) (*ru* M5)

Multikulti, wie es sich für den Stadtteil Grønland gehört: Auf der Speisekarte stehen norwegische und dänische Traditionskost ebenso wie Pizza und Hähnchen in Curry. Am Sonntag gibt's Walsteak. Hier wird man vor allem satt und gut bedient. *Åkebergveien 34 | Tel. 22 67 76 80 | T-Bahn 1–6: Tøyen (10 Min. Fußweg)*

### KITTY'S SUSHI (109 D2) (*K2*)

In einer Seitenstraße mitten im Trendbezirk Grünerløkka bekommen Sie leckere Sushi, Maki und Sashimi. Wer nicht so viel Geld für den reichhaltigen Lunch ausgeben möchte, wählt ein Wok-Gericht oder eins der Sushi-Tagesangebote. *Helgesens gate 14 | Tel. 22 38 36 93 | www.kittys.no | Straßenbahn 11, 12, 13: Olav Ryes plass*

### LORRY ⭐ (107 E3) (*G2*)

Klassische Kneipe mit über 100 Biersorten, einfachem norwegischen Essen à la carte und Lunchmenü. Lebendige Atmosphäre, Künstlertreffpunkt. *Parkveien 12 | Tel. 22 69 69 04 | Straßenbahn 11, 17, 18: Welhavens gate*

### INSIDER TIPP OLYMPEN MAT OG VINHUS (109 E6) (*L4*)

Wer Grønland kennt, der kennt dieses Traditionslokal auch als „Lompa". Hier werden Rentier, gekochter Dorsch oder *sursild* (saurer Hering) in reichlichen Portionen serviert. *Grønlandsleiret 15 | Tel. 24 10 19 99 | T-Bahn 1–6: Grønland*

### INSIDER TIPP SAGENE LUNSJBAR (104 C5) (*O*)

Kurz vor dem Abbruch wurde das Restaurant im Nordosten Oslos gerettet, das Jung und Alt, Nachbarn und Gäste von weither gleichermaßen freundlich empfängt. Einfache, gute Kost zu erschwinglichen Preisen. *Maridalsveien 153 | Tel. 98 44 89 00 | Bus 20, 37, 54: Arendalsgata*

### SCHRØDER RESTAURANT (108 A3) (*H2*)

Ungezwungene Kneipenatmosphäre mit rotweißen Tischtüchern. Stammrestaurant von Harry Hole, dem berühmten Polizeiinspektor in den Krimis von Jo Nesbø. *Flesk og duppe* ist nur eines der typisch norwegischen Gerichte auf der Karte. *Waldemar Thranes gate 8 | Tel. 22 60 51 83 | Bus 21, 37, 46: St. Hanshaugen*

### VEGA 😊 (108 B4) (*J3*)

Das beliebteste vegetarische Restaurant in Oslo – günstig, zentral gelegen und immer mit frischen, organischen Zutaten aus fairem Handel. Die Gerichte kommen aus der ganzen Welt und werden als Büfett dargeboten. Für 12,50 Euro essen Sie, bis Sie satt sind, wochentags zwischen 12 und 14.30 Uhr ist es noch billiger. *So–Do 12–20, Fr 11–16 Uhr | Akersgata 74 | Tel. 22 67 76 80 | www.vegafairfood.no | Bus 33, 37, 46: Rosingsgate*

## LOW BUDGET

▶ Exotisch kann man sich selbst im teuren Oslo billig verpflegen. Entlang der Torggata gibt es viele asiatische Restaurants und Imbissbuden, die gutes und günstiges Essen servieren, auch vegetarisch. Den besten Kebab in Oslos „Kebabstraße" gibt's im *Marino Grill* (108 A6) (*J4*) (Torggata 29).

▶ Man muss nicht Student sein, um für 50 Kronen in der Studentenkantine *Frederikke Mathus* (0) (*0*) in Blindern essen zu dürfen. *Mo–Do 10–19, Fr 10–18 Uhr | Problemveien 11 | T-Bahn 3, 4, 5: Blindern*

# EINKAUFEN

**CITY ▸ WOHIN ZUERST?**
**Karl Johan (108 A–B 5–6)**
**(⌖ H–J4):** In Neben- und Querstra-
ßen südlich und nördlich des breiten
Boulevards in der Stadtmitte liegen
zwischen dem Dom im Osten und
dem Schloss im Westen große Einkaufszentren wie das *Glasmagasinet*
und *Steen & Strøm Magasin*. Exklu-
siver kaufen Sie weiter westlich in
*Frogner* im Bogstadveien ein. Dort
sind die Luxusboutiquen meist noch
etwas teurer als in anderen Ländern,
aber einen Abstecher wert. In *Grønland* hinterm Hauptbahnhof geht es
exotischer, bunter und günstiger zu,
v. a. rund um *Grønlands torget*.

*Lusekofte,* die norwegische Jacke mit
den Tupfen (*luse* heißt Läuse), oder ein
Norwegerpullover sind seit Langem
beliebte Mitbringsel aus dem kühlen
Norden.

Weniger bekannt, aber ein passendes
Geschenk für Männer ist die *busserull*.
Dieses gestreifte Bauernhemd wurde von
Akademikern mit Sehnsucht nach Land-
leben wieder salonfähig gemacht. Manche tragen es heute in Norwegen sogar
bei festlichen Gelegenheiten. Käsehobel,
samischer Schmuck und Kunsthandwerk,
ein Rentierfell, ein Wikingertrinkbecher
aus Silber oder Zinn oder ein Holztrink-
becher landen oft auf der Einkaufsliste.
Oslos große Shoppingzentren in der
Stadtmitte garantieren auch bei schlech-
tem Wetter Einkaufsspaß.

Bild: Die Auswahl an Glaskunst ist groß in Oslo

Glaskunst, Fisch und Lusekofte: Traditionelles Handwerk und modernes Design prägen Oslos Warenwelt. Und haben ihren Preis

### DOGA NORSK DESIGN- OG ARKITEKTURSENTER ★
(108 C4) (*K3*)

Ausstellungen und Verkauf in den restaurierten Gebäuden einer ehemaligen Transformatorenstation direkt am Fluss Akerselva: DogA bietet Ihnen preisgekröntes und anderes norwegisches Design, Architekturbücher und vieles mehr. *Hausmannsgate 16 | www.doga.no | Bus 34, 54: Jakob kirke*

### INSIDER TIPP ▸ KUNSTNERFORBUNDET ●
(113 E1) (*H4*)

150 norwegische Gegenwartskünstler sind im Künstlerverband organisiert. Hinter dem Rådhuset liegt die Galerie, in der ihre Werke gezeigt und verkauft werden. *Kjeld Stubs gate 3 | www.kunstnerforbundet.no | Straßenbahn 12: Rådhusplassen*

### NORWAY DESIGNS (107 F5) (*H4*)

Textilien, Glaskunst und Schmuck in modernem norwegischen Design können Sie bei Norway Designs kaufen. Besonders exquisit sind die kunstvollen Gläser. *Stortingsgata 28 | www.norwaydesigns.no | T-Bahn 1–6, Straßenbahn 13, 19: Nationaltheatret*

### ROM FOR IDÉ (104 A6) (⟁ 0)
Ideenzentrale norwegischer Möbeldesigner in einer ehemaligen Molkerei im Stadtteil Majorstuen. Die Galerie zeigt

bis zum Helly-Hansen-Brand-Store gibt es alles am Bogstadveien. *Frogner | www.bogstadveien.no | Straßenbahn 11, 19: Rosenborg*

### GRØNLAND ★ (109 D6) (⟁ K–L4)
Einwanderer aus aller Welt, besonders aus Pakistan, prägen dieses bunte Viertel und das Warenangebot. Bollywood-Filme, Mode von *Sheikhs Fashion,* Gemü-

Fischers Fritze heißt in Oslo Fiske-Nilsen und lässt Fischfreunds Herz garantiert hoch schlagen

auch Kunsthandwerk, hier nimmt man sich Zeit für die Beratung. Erworbenes wird auch gern nachgeschickt. *Jacob Aals gate 54 | www.romforide.no | Straßenbahn 11,12,19: Majorstuent*

### BOGSTADVEIEN ★
(107 D2) (⟁ F–G 1–2)
Die Shoppingmeile zwischen Schlosspark und Majorstua ist sündhaft teuer. Vom feinen Gemüsehändler über exklusive Mode- und Schuhgeschäfte

se von *Batat Import* – alles ist am und um den Platz *Grønlands torget* zu haben. Besuchen Sie doch den neuen Basar, sehen Sie in der Ferne die Minarette der Moschee, und Sie sind gedanklich weit weg von einer skandinavischen Hauptstadt. *www.gronlandstorg.no | T-Bahn 1–6: Grønland*

### STEEN & STRØM MAGASIN ●
(114 A2) (⟁ J4)
Das berühmteste Einkaufszentrum Oslos versorgt die norwegische Hauptstadt seit 1797 mit kontinentalen Waren. Es wurde vor Kurzem renoviert, und Sie finden

Geschäfte für Damenmode, Sportartikel, Parfüm und Lebensmittel. Auswahl und Preise halten deutlich gehobenes Niveau. *Kongensgate 23 | www.steenogstrom.no | Bus 30, 60, 70: Kongensgate*

### VIKA-TERRASSEN (113 D1) (*ω G4*)

Oslos schönste und zentralste Einkaufszeile. In den Vika-Terrassen unterhalb des Außenministeriums gibt es 15 Modegeschäfte – allesamt internationale Topmarken für Bekleidung und Schuhe. Die Haltestelle der Straßenbahn Linie 12 und das Nationaltheater sind zwei Minuten Fußweg entfernt. Und das Schönste: In diesen Boutiquen nimmt sich das Personal sehr viel Zeit für die Kunden. Viele Restaurants und ein Wellnesscenter runden das Shoppingerlebnis ab. *Ruseløkkveien 26*

### FISCH

Geräucherter Fisch lässt sich problemlos nach Hause transportieren. Räucherlachs ist eine sichere Sache, auch im Supermarkt gibt es gute Ware. Achten Sie auf das Haltbarkeitsdatum des eingeschweißten Stücks. Finden Sie mit *einebær* (Wacholder) geräucherten Lachs, sollten Sie ihn unbedingt kaufen. Andere, weniger bekannte Spezialitäten sind *røkt kolje* (geräucherter Schellfisch) und *røkt blåkveite* (geräucherter schwarzer Heilbutt). In einem Fischgeschäft wird der Fisch auch für Sie vakuumiert (meist ohne Aufpreis).

### LAKSEN FISK OG VILT (105 D5) (*ω O*)

Leider ein wenig entfernt vom Zentrum, aber eins der besten Fischgeschäfte Oslos. Verkauft außer Fisch und Wild auch Hausgemachtes wie Heringssalate, Preiselbeermarmelade und Moltebeersahne. *Maridalsveien 188 | www.laksen.no | Bus 37, 54: Advokat Dehlis plass*

**INSIDER TIPP** **GEORG NILSEN FISK & VILT** (107 D2) (*ω F1*)

„Fiske-Nilsen" ist Oslos ältestes Fischgeschäft mit der besten Auswahl an Fisch- und Wildspezialitäten. Allein der Blick auf die Auslagen ist schon ein Genuss. Kaufen Sie sich hier ein Päckchen *klippfisk* – getrockneter und gesalzener Fisch, der zusammen mit Kartoffeln, Zwiebeln, Olivenöl, Tomaten und Paprika zu einem herrlichen Fischeintopf namens *bacalhau* verarbeitet wird. Rezepte gibt's im Laden. *Bogstadveien 39 | www.georganilsen.no | Straßenbahn 11, 19: Schultz gate*

## MARCO POLO HIGHLIGHTS

★ **DogA Norsk Design- og Arkitektursenter**
Mehr Geschmackvolles als Nützliches, ein Genuss für die Sinne
→ S. 59

★ **Bogstadveien**
Shoppingmeile, auf der Geld keine Rolle spielt → S. 60

★ **Grønland**
Fernes statt Feines in Oslos multikulturellem Hinterhof
→ S. 60

★ **Husfliden**
Vom Käsehobel bis hin zur kompletten Tracht – hier finden Sie norwegische Traditionsware aus allen Ecken des Landes
→ S. 62

★ **Juhls' Silvergallery**
Norwegens berühmtester Silberschmuck, inspiriert vom Licht und der Weite der nordnorwegischen Vidda, wird zum Glück auch in Oslo angeboten
→ S. 63

## GLAS & KERAMIK

**INSIDER TIPP** **BRUDD** (108 C3) (*⌖ K2*)
Eine Art Kooperative von 20 Künstlern, die kunstvolle Keramik, Glas und anderes Kunsthandwerk anbieten. *Markveien 42 A | www.brudd.info | Straßenbahn 11, 12, 13: Schous plass*

**GLASMAGASINET** (108 B6) (*⌖ J4*)
Das Erdgeschoss im Einkaufszentrum am Marktplatz hinter der Domkirche spricht die Sinne an: Glas, Kristall, Porzellan, aber auch Konfekt und herrliche Düfte. Hier betreibt auch die berühmte norwegische Glasbläserei Hadeland eine Filiale. *Stortorvet 9 | www.glasmagasinet.no | Straßenbahn 11, 17, 18: Stortorvet*

**GLAZED & AMUSED** ● (108 C2) (*⌖ K2*)
Wer Töpferarbeiten mag, hat in dieser Galerie und Werkstatt viel Spaß. Denn hier dürfen Sie auch selbst töpfern, mit Farben arbeiten und spielen. Die Arbeit dauert etwa zwei Stunden, richtig durchgetrocknet ist das eigene Werk allerdings erst nach einer Woche. *Markveien 25 | www.glazedandamused.no | Straßenbahn 11, 12, 13: Olav Ryes plass*

## NORWEGISCHES

**HEIMEN** (108 A5) (*⌖ H4*)
Gleich neben dem *Landhotel Bondeheimen* wird norwegischer *husflid* – also Handgemachtes verschiedener Art – angeboten: Trachten und *lusekofte*, *busserull*-Hemden und traditioneller wie moderner norwegischer Schmuck. *Rosenkrantz gate 8 | www.heimen.net | Straßenbahn 11, 17, 18: Tinghuset*

**HUSFLIDEN** ★ (108 B6) (*⌖ J4*)
Wer will, kann hier die Tracht jeder Region Norwegens kaufen oder nur bestaunen. Außerdem gibt's Handwerkliches wie Schmuck, Hübsches und Praktisches aus Holz, Elchpantoffeln und Rentierfelle. *Stortorvet 9 | im Untergeschoss des Glasmagasinet | www.dennorskehusfliden.no | Straßenbahn 11, 17, 18: Stortorvet*

**SPORTSNETT** (113 E1) (*⌖ H4*)
*Outdoor* ist ein Teil der norwegischen Identität. Will man zum Nordpol gehen oder auch nur eine längere Wanderung planen – hier gibt's die komplette Ausrüstung dazu. *Olav V's gate 6 | www.*

# LOW BUDGET

▶ In der Gebrauchtladenkette der Heilsarmee *Fretex* **(108 C2)** (*⌖ K1*) gibt es vom Sportartikel bis zum Abendkleid nahezu alles, mit etwas Glück ergattern Sie einen echten Norwegerpulli oder anderes typisch Norwegisches *(Markveien 5 | www.fretex.no | Straßenbahn 11, 12, 13: Birkelunden)*. Norwegisches Glas, etwas für den Haushalt oder ein Bild finden Sie im Gebrauchtwarenladen *Maritas Bruktbutikk* **(108 C4)** (*⌖ K3*). Die Einnahmen helfen Drogenabhängigen. *Markveien 67 | www.marita.no | Straßenbahn 11, 12, 13: Nybrua*

▶ An Oslos „Rotem Platz" **(114 B1)** (*⌖ J4*) – hier sitzen Sozialdemokraten und Gewerkschaftsbund – stellen täglich bis zu 30 Marktverkäufer ihre Stände auf. Von günstigen norwegischen CDs über heimischen Honig bis zu Militärartikeln wird alles angeboten – oft zu günstigen Preisen. *Youngstorget | Straßenbahn 11, 12, 13, 17: Brugata*

Vielleicht nicht das originellste Mitbringsel, aber bestimmt eins der wärmsten: Norwegerpulli

sportsnett.no | Bus 30, 70, Straßenbahn 13, 19, T-Bahn 1–6: Nationaltheatret

### VINMONOPOLET (108 C3) (*M K2–3*)
Weine und Hochprozentiges gibt es nur in den staatlichen Monopolläden, die meist als Selbstbedienungsläden konzipiert sind. Die traditionelle Atmosphäre mit langen Schlangen geduldiger Käufer, die von uniformierten Verkäufern bedient werden, erleben Sie noch bei *Vinmonopolet* in Grünerløkka, wenn Sie dort stilgerecht – und teuer – eine Flasche *Linje Akevitt* kaufen. Die Filiale liegt übrigens in den ehemaligen Räumen von *Beckers*, früher eine der berühmtesten Kneipen der Stadt. *Nordre gate 16, Ecke Markveien | www.vinmonopolet.no | Straßenbahn 11, 12, 13: Olaf Ryes plass*

### YOUNGSTORGET, STORTORVET, KARL JOHANS GATE (114 B1–2) (*M J4*)
An den zentralen Plätzen gibt es viele Souvenirgeschäfte und im Sommer Marktstände, die norwegische Souvenirs verkaufen. Aufgepasst: Die Norwegerpullis sind nicht selten in China gestrickt!

### SILBER & SCHMUCK

### JUHLS' SILVERGALLERY ★
(113 E1) (*M H4*)
Samischen Schmuck und Kunsthandwerk aus Nordnorwegen und Tundra gibt es bei Juhls' Silvergallery. Man führt auch nordnorwegische Glaskunst. *Roald Amundsens gate 6 | www.juhls.no | Straßenbahn 13, 19, T-Bahn 1–6: Nationaltheatret*

### THUNE (113 F1) (*M H4*)
Norwegens bekanntester und größter Juwelier hat in der Hauptstadt viele Filialen. Das Geschäft in einem Eckhaus am Platz Egertorget an der Karl Johans gate gibt es seit 1861. Das Angebot an klassischem Schmuck und Uhren ist enorm. *Øvre Slottsgate 12 | www.thune.no | Straßenbahn 12, 13, 19: Wessels plass*

# AM ABEND

**CITY** **WOHIN ZUERST?**

**Aker Brygge und Youngs-torget:** Der Platz Youngstorget **(114 B1)** (🗺 **J4**) oberhalb vom Dom und nördlich von Karl Johan ist Herz und Zentrale der norwegischen Arbeiterbewegung und –partei. Um den Platz herum wimmelt es von Kneipen und Bars, die lieber gemütlich oder gar schmuddelig als elegant daherkommen. Auch gute Clubs liegen in der Umgebung. Wer gern sein Bier mit Blick aufs Wasser trinkt, ist gerade im Mittsommernachtslicht auf der Amüsiermeile Aker Brygge **(113 D2)** (🗺 **G5**) direkt am Oslofjord gut aufgehoben.

Alle wissen, dass Alkohol in Norwegen viel kostet. Deswegen bringen sich Osloer bei privaten Zusammenkünften (auf Norwegisch „Vorspiel" genannt) mit Mitgebrachtem vorab in Stimmung, bevor sie in das Café – das durchaus auch eine Kneipe sein kann – oder die Bar ihrer Wahl aufbrechen.

Davon gibt es in Oslo zuhauf. Das Gleiche gilt für Club- und Konzertbühnen. Oslo schnappt Trends auf und schafft ständig neue: Musikalisch hat die Stadt sehr viel zu bieten, Gratiskonzerte und immer neue Straßenlokale machen einen lauen, hellen Sommerabend zum Erlebnis. Langeweile kommt nicht auf, schwieriger ist es, ab 21 Uhr noch ein stilles Plätzchen zu finden. Übrigens: Das norwegische Gesetz verbietet den

Bild: Vergnügungsmeile Aker Brygge im Mittsommernachtslicht

## Am liebsten live – zwischen Jazz, Rock und Klassik beginnt auf Oslos Bühnen, in coolen Clubs und gemütlichen Cafés die Nacht

Ausschank von Spirituosen an Personen unter 20 Jahren, weshalb einige Clubs, Bars und Diskotheken ihren Gästen dies als Mindestalter setzen. Und es gibt eine Sperrstunde: Um 3.30 Uhr spätestens sind alle Gaststätten geschlossen.

### BALLETT/KONZERT/THEATER

**INSIDER TIPP ▶ DANSENS HUS**
(108 C3) (ဩ K2)
Der moderne Tanz residiert in einstigen Werkstätten in Grünerløkka. Die Vorstellungen nationaler und internationaler Tanzensembles halten hohes Niveau. *Tickets Tel. 23 70 94 00 oder Mo–Fr 16–20 Uhr, Sa/So ab 2 Std. vor Vorstellungsbeginn | Møllerveien 2 | www. dansenshus.com | Bus 34, 54, Straßenbahn 11, 12, 13: Møllerveien*

**KONSERTHUSET** (113 D–E1) (ဩ G4)
Im Stammhaus der klassischen Musik sind die Osloer Philharmoniker zu Hause, und sie haben regelmäßig weltberühmte, aber auch norwegische Gäste

Augenweide trifft auf Hörgenuss: Oslos Oper steht auch in Sachen Akustik ganz weit oben

wie den Pianisten Leif Ove Andsnes oder den Trompeter Ole Edvard Antonsen zu Gast. *Kartentel. 23 11 31 11 | Mo–Fr 11–17, Sa 11–14 Uhr | Munkedamsveien 14 | www.oslokonserthus.no | Straßenbahn 12: Aker Brygge, 13, 19: Nationaltheatret*

### DEN NORSKE OPERA OG NASJONAL-BALLETT ⭐ (114 C3) (📖 J–K5)

Eben noch mittendrin im Osloer Straßengewirr, plötzlich weißer, bis in den Fjord gleitender Marmor. Im monumentalen Opernhaus mit zwei Bühnen sind Staatsoper und Nationalballett zu Hause. Die Akustik gehört laut Fachleuten zu den besten weltweit. Die Preise variieren, Karten kosten zwischen 140 und 1600 Kronen. *Ticketschalter in der Eingangshalle Mo–Fr 9–20, Sa 11–18, So 12–18 Uhr | Kirsten Flagstads plass 1 | Tel. 81 54 44 88 | www.operaen.no | alle T-Bahnen: Oslo S*

### BARS

INSIDER TIPP ▸ **BAR BOCA**
(109 D2) (📖 K2)
In der Bloody Mary ist ein ganzer Salat, der Mojito gilt als der beste der Stadt.

Die im Retrolook gestaltete Bar Boca ist sehr klein, hat aber für die Raucher auch ein paar Stühle auf dem Bürgersteig. *Thorvald Meyers gate 30 | Straßenbahn 11, 12, 13: Olaf Ryes plass*

### BIBLIOTEKSBAREN (113 F1) (📖 H4)

Klassische, dunkle Hotelbar mit Kronleuchter und tiefen Chesterfield-Sesseln. Hier treffen sich Finanz- und Kulturelite zum kühlen Bier und leisen Plausch. Im Hintergrund spielt ein ewig junger Pianist. *Kristian IV's gate 7 | Straßenbahn 12, 13, 19: Stortorvet*

### HANNIBALS HYBEL ⭐

(113 D2) (📖 G5)
Eine urige Kneipe auf Aker Brygge, in der das Bier in Halblitergläsern serviert wird (bei der Konkurrenz sind es nur 0,4 l). Weil man auch auf dem Kai sitzen kann, ist dies der beste Ort für richtig warme und späte Sommerabende. *Aker Brygge | Straßenbahn 12: Aker Brygge*

### JUSTISEN (114 B1) (📖 J4)

Früher wurden hier Särge genagelt, jetzt treffen sich in den verwinkelten Räumen

Anwälte, Beamte und Politiker. Gartenrestaurant im schönen Innenhof. *Møllergaten 15 | Tel. 22 42 24 72 | www.justisen.no | Straßenbahn 12, 13, 19: Stortorvet*

## LITTERATURHUSET ⭐ 🔵
(107 E4) (📍 G3)

Oslos Haus der Literatur residiert seit 2007 in der ehemaligen Lehrerhochschule am Schlosspark. Schauen Sie unbedingt ins Café rein. Hier gibt es eine sehr gute Karte mit gesundem Essen, leckeren Getränken und viele nette Leute. *Wergelandsveien 2 | www.litteraturhuset.no | Straßenbahn 11: Welhavens gate*

## OSLO MEKANISKE VERKSTED
(115 D2) (📍 K4)

Niemand hat versucht, die Spuren der ehemaligen Schlosserwerkstatt zu beseitigen. Im Backsteinbau zwischen Bahnhof und Grønland tritt sich die Kulturbohème zum Abhängen, es gibt nur Drinks und Erdnüsse, dafür aber immer eine ruhige Ecke für ein entspanntes Gespräch. *Tøyenbekken 34 | www.oslo mekaniskeverksted.no | Straßenbahn 18, 19: Bussterminalen Grønland*

**CLUBS & DISKOTHEKEN**

### CAFÉ MONO (108 B5) (📍 J4)

In diesem Lokal legt das Publikum keinen Wert darauf, schick zu sein. Stil und Musik – von Jazz bis Country, von Rock bis Indi-Pop – betonen das Echte. *Mindestalter 22 Jahre | Pløensgate 4 | www.cafemono.no*

### INSIDER TIPP ▸ DATTERA TIL HAGEN
(115 D1) (📍 K4)

Der Laden „Hagens Tochter" beansprucht gleich zwei Etagen. Unten bekommen Sie Burger, Pasta, Sandwichs und Tapas serviert, oben gehen Konzerte und anderes über die Bühne. Ein gemütlicher und lebendiger Club in Grønland. *Grønland 10 | Tel. 22 17 18 70 | www.dattera.no | T-Bahn 1–6: Grønland*

⭐ **Den Norske Opera og Nasjonalballett**
Oslos Jahrtausendbauwerk bietet feinste Kultur für Jedermann
→ S. 66

⭐ **Hannibals Hybel**
Trotz edler Lage auf Aker Brygge kommt hier fast Hafenkneipen-Atmosphäre auf, wenn die Gäste beim Bier auf ihre Fähre nach Hause warten → S. 66

⭐ **Litteraturhuset**
Das Haus der Literatur ist eine schöne Adresse für entspannte oder hochgeistige Gespräche bei Kaffee und Salat → S. 67

⭐ **Blå**
Warten zahlt sich aus: Liveacts für Kenner im Musiklokal von Weltruf → S. 69

**MARCO POLO HIGHLIGHTS**

**INSIDER TIPP HERR NILSEN** ●
(114 A1) (ᗕ H4)
Jazz fürs Volk ist die Devise dieses Clubs. Die Stilrichtung ist traditionell. Findet kein Konzert statt, ist Herr Nilsen Bar und Café. *C. J. Hambros plass | www. herrnilsen.no | Straßenbahn 11, 17, 18: Tinghuset*

**INTERNASJONALEN** (114 B1) (ᗕ J4)
Am „roten Platz" von Oslo, wo die Sozialdemokraten und der Gewerkschaftsbund residieren, kann ein Musikclub nur „Internationale" heißen. Allerdings steht dort nicht Gleichklang, sondern Rock im Mittelpunkt. Draußen gibt es Bier bis 3 Uhr. *Youngstorget 2 | www.internasjonalen.no | Straßenbahn 11, 12, 13, 17: Brugata*

**SMUGET** (113 E–F1) (ᗕ H4)
Bars, Disko, Konzerte, Stand-up-Comedy – Smuget sind gleich vier Lokale in einem. Jedes Jahr gehen hier an die 700 Kulturevents über zwei Bühnen. Eine Osloer Institution. *Rosenkrantz' gate 22 | www.smuget.no | Straßenbahn 12: Rådhusplassen*

**SOUND OF MU** (108 C4) (ᗕ K3)
Nicht mehr ganz junge Leute in einer kleinen Bar mit minimalistischem Interieur. Ein Club, der in keine Schublade passt: Konzerte und Ausstellungen, Matineen und Lesungen. *Markveien 58 | www.soundofmu.no | Straßenbahn 11, 12, 13: Nybrua*

**CAFÉ SØR** (114 B1) (ᗕ J4)
Am Tag Café (mit leckeren Sandwichs!), dann Cocktailbar, schließlich Tanzladen. Die DJs legen je nach Wochentag in alle Richtungen auf, hier geht's ganz locker zu, und trotzdem läuft irgendwann der Schweiß. *Torggata 11 | www.cafesor.no | Straßenbahn 11, 12, 13, 17: Brugata*

## LOW BUDGET

▶ *Evergreen Inn*
(107 F4) (ᗕ H3) verkauft das günstigste Bier Oslos – vor 21 Uhr für 30 Kronen. Auch später noch erschwinglich. *Pilestredet 39 | am Hochschulzentrum*

▶ Im Sommer gibt es viele ● *Gratiskonzerte* mit Pop, Rock oder Volksmusik, u. a. auf dem Rathausplatz (113 E2) (ᗕ H4–5). Termine hat die Touristeninfo und stehen in der kostenlosen Zweimonatsbroschüre „What's on in Oslo". Eine Übersicht auf Deutsch bietet www.visitoslo.com/de/ihr-oslo/billig-in-oslo/arrangements/.

▶ In und um die Oper und um sie herum (114 C3) (ᗕ J–K5) finden ständig Matineen und Konzerte statt – DerEintritt ist frei. Jeden Tag soll etwas passieren – der Opernchef hat es versprochen. Halten Sie Augen und Ohren offen!

## KINO

Die meisten Filme laufen in Originalsprache mit norwegischen Untertiteln. Das Programm steht auf *www.oslokino.no,* die Tickets gibt es dort auch *(100 NOK | Tel. 82 05 00 01).*

**CINEMATEKET** (114 B2) (ᗕ J5)
Schmale, alte, alternative und norwegische Filme laufen in der Cinemateket, dem Filmclub des norwegischen Filminstituts. Integriert sind das Filmmuseum (Eintritt gratis, mit englischem Führer)

Mal Tanzmusik, mal Avantgardistisches: Das Blå ist immer für eine Überraschung gut

und ein Geschäft für norwegische Filme. *Dronningens gate 16 | www.nfi.no/cine mateket | Straßenbahn 12, 13, 19: Dronningens gate*

## LIVEMUSIK

**INSIDER TIPP** **BETONG** (106 C1) (*K7 F1*)
Konzertbühne im Haus der Studentenvereinigung, im Stil der 1970er-Jahre mit großem Betonturm versehen. Drinnen ist die Bühne intim. *Betong* ist mittlerweile eine der wichtigsten Konzertbühnen Oslos. *Slemdalsveien 15 | www.studentersamfundet.no/lokaler. php?lokale=Betong | T-Bahn 1–6: Majorstuen*

**BLÅ** ⭐ (108 C4) (*K7 K3*)
An einem Abend Tanzmusik, am nächsten Avantgardistisches – einfach ausprobieren! Jazz und anderes wird in diesem, von der BBC zu einer der besten Musikbühnen Europas gewählten, Club geboten. Lange Warteschlangen sind daher keine Seltenheit. *Brenneriveien 9 c | www. blaaoslo.no | Bus 34, 54: Møllerveien*

**GLORIA FLAMES** (113 D1) (*K7 K4*)
Einer dieser Clubs, die hartnäckig Oslos Musikszene auf die Bühne bringen. Rock oder Indipop stehen hoch im Kurs, doch Genregrenzen sind hier dazu da, aufgehoben zu werden. Im Sommer steigen die Konzerte auf der Terrasse. *Grønland 18 | www.gloriaflames.no | T-Bahn 1–6: Grønland*

**PARKTEATRET** (109 D3) (*K7 K2*)
Jazz, Rock, Blues und ein Dokumentarkino: All das bietet das Parkteatret. Ursprünglich als Kino gebaut, trifft sich vor dem Gebäude heute die Szene von Grünerløkka. *Olaf Ryes plass 11 | www. parkteatret.no | Straßenbahn 11, 12, 13: Olaf Ryes plass*

**ROCKEFELLER** (108 B5) (*K7 J4*)
Zwei große Bühnen und ein Pub sorgen für eine geballte Ladung Musik im Rockefeller. Die Musikbühne und der *John Dee Live Club & Pub* sind im ehemaligen Torggata-Schwimmbad zu Hause. *Torggata 16 | www.rockefeller.no | Straßenbahn 11, 12, 13, 17, Bus 30, 34, 54: Brugata*

# ÜBERNACHTEN

**In einer der teuersten Städte der Welt kann das Übernachten selbstverständlich nicht billig sein. Und doch stimmt das für Oslo nicht so ganz, denn trotz des hohen Preisniveaus gibt es in der norwegischen Hauptstadt auch Gasthäuser und Angebote für schmale Portemonnaies.**

Typisch für eine Großstadt sind auch in Oslo die vielen Hotels der Mittelklasse – zumeist Häuser internationaler Hotelketten mit vertrautem Ambiente, aber ohne eigenen Charme. Sie sprechen in erster Linie Geschäftsleute an, reißen sich im Sommer aber mit Sonderpreisen und speziellen Arrangements um die Touristen aus aller Welt. So kann, wer ganz früh bucht, selbst in den Osloer Luxusherbergen ein Zimmer für 170 Euro er-

gattern, das später 200 und mehr kostet. Und Luxus bezieht sich in Oslo nicht nur auf Einrichtung, Atmosphäre und Restaurantangebot: Ruhig soll es sein und mit perfektem Service, und es muss nahe der Stadtmitte liegen. Wer jedoch bereit ist, bei diesen Dingen kleine Abstriche zu machen, kann auch im teuren Oslo relativ günstig übernachten.

Von den einfacheren Unterkünften ist es meistens schon ein Stückchen bis zur zentralen Karl Johans gate in der Stadtmitte. Aber die norwegische Hauptstadt ist ja eine sehr übersichtliche Großstadt mit einem dichten Netz öffentlicher Verkehrsmittel. Also Mehrfahrtenkarte kaufen und lieber beim Übernachtungsbudget sparen. Außerdem: Auch die einfacheren Hotels bieten oft reich-

Bild: Zimmer Kari Traa im Grand Hotel

## Urbane Designherberge oder Holzschloss im Grünen? Oslos Hotellandschaft gibt sich so kontrastreich wie die Stadt selbst

haltige Frühstücksbüfetts an, die Sie fast über den ganzen Urlaubstag in der norwegischen Hauptstadt bringen. Nahezu alle Osloer Hotels ganz egal welcher Kategorie haben mittlerweile WLAN-Zugang in den Zimmern.

Obwohl ständig neue Häuser gebaut werden, reichen zu Spitzenzeiten im Juli und August die Übernachtungskapazitäten der Hauptstadt nicht aus. Vorab buchen ist also dringend angeraten *(www.visitoslo.com/de/. Link rechte Spalte: „Buchen Sie hier - Hotel")* .

**HOTELS €€€**

### CLARION COLLECTION HOTELL FOLKETEATRET (114 C1) (ﾛ K4)

Oslos neue Topadresse: Modernes und stilvolles Hotel nahe dem Hauptbahnhof mit einem schon jetzt berühmten Frühstücksbüfett. Eingangsbereich und Zimmer sprechen die Sinne an, der Lärm der Großstadt bleibt definitiv draußen. Eine Besonderheit ist das Trainingsstudio im Stil eines New Yorker Boxstudios der 1930er-Jahre. *160 Zi. | Storgaten 21–23 |*

Tel. 22 00 57 00 | www.choicehotels.no | Straßenbahn 11, 12, 13 u. 17: Brugata

### INSIDER TIPP ▶ GRIMS GRENKA
(114 A2) (*M H5*)

Grübeln Sie nicht darüber nach: Selbst der Name dieses 2008 eröffneten Hotels ist Design und hat keine Bedeutung.

Alles Design – auch der Name: Grims Grenka

Von einem skandinavischen Designhotel erwartet man eigentlich helle, lichte Farbflächen, die klaren, strengen Linien im Grims Grenka sind jedoch meist dunkel gehalten. Im „Sommerzimmer" können die Gäste mithilfe des Lichts unterschiedliche Sommerstimmungen schaffen. 50 Zi. | Kongensgate 5 | Tel. 23 10 72 00 | www.grimsgrenka.no | Bus

60: Bankplassen, Straßenbahn 12, 13, 19: Kongens gate

### HOLMENKOLLEN PARK HOTEL RICA ★ ● ☽ (116 B6) (*M 0*)

Nur einen Steinwurf von der Skiarena Holmenkollen entfernt liegt dieses einem Märchenschloss gleichende Hotel ganz aus Holz. Der älteste Teil des Hauses stammt aus dem 19. Jh., als die Herberge im nationalromantischen, von Stabkirchen inspirierten Drachenstil gebaut wurde. Ländliche Romantik in reiner Form, gepaart mit erstklassigem Service und sehr guter Restaurantküche. Und das Beste: der Panoramablick über Oslo und den Fjord. 222 Zi. | Kongeveien 26 | Tel. 22 92 20 00 | www.holmenkollenparkhotel.no | T-Bahn 1: Holmenkollen

### OPERA HOTEL (114 C2) (*M K5*)

Perfekt für Zug- und Busreisende! Das Haus liegt gleich hinter dem Bahnhof und dem Verkehrsknotenpunkt Jernbanetorget, die Oper auf der anderen Straßenseite am Hafen. Das Ambiente ist kühl, die Funktionalität des Businesshotels prägt auch ein wenig die Atmosphäre. 434 Zi. | Christian Frederiks plass 5 | Tel. 24 10 30 00 | www.thonhotels.no/opera | Bus 32, 34, 74, 83: Jernbanetorget

### SCANDINAVIA HOTEL (107 F4) (*M H3*)

Der Name hat sich zwar geändert, doch für die meisten Osloer ist und bleibt das Hotel am Schlosspark das SAS-Hotel (Scandinavian Airlines). Mit 22 Etagen ist es nicht so hoch wie das Plaza, aber immerhin hoch genug, um über dem Schloss und dem norwegischen König zu thronen. Ein Drink in der ☽ Bar in der 21. Etage ist der perfekte Abschluss eines Oslobummels. 488 Zi. | Holbergs gate 30 | Tel. 23 29 30 00 | www.radissonblu.com/scandinaviahotel-oslo | Flughafenbus vom Hotel, Straßenbahn 11, 17, 18: Holbergs plass

## HOTELS €€

### HOTEL ASTORIA (114 B2) (𝄞 J4)
Mehr ist nicht nötig: Die Lage ist perfekt (50 m bis Karl Johan, 300 m vom Bahnhof), die Zimmer sind vor allem zweckmäßig eingerichtet. Es gibt Familienzimmer und Zimmer für Allergiker. Bei rechtzeitiger Vorabbestellung übers Internet noch günstiger. *180 Zi. | Dronningens gate 21 | Tel. 24 14 55 50 | www.thonhotels.no/astoria | alle Bus-, Straßenbahn- und T-Bahn-Linien nahe Oslo S*

### HOTEL BONDEHEIMEN
(108 A5) (𝄞 H4)
Theater, Nacht- und Kulturleben liegen hier gleich um die Ecke. Früher stiegen im Bondeheimen die Menschen vom Land ab, wenn sie in der Hauptstadt etwas zu erledigen hatten. Trotz umfassender Renovierungen hat Bondeheimen vieles von seinem ländlich-norwegischen Stil beibehalten. Als Stadthotel ist es günstig, an Wochenenden müssen Sie jedoch mit Seminar- und Kongressgästen rechnen. *127 Zi. | Rosenkrantz' gate 8 | Tel. 23 21 41 00 | www.bondeheimen.com | Straßenbahn 11, 17, 18: Tinghuset*

### HOTEL GABELSHUS ⭐
(106 B6) (𝄞 E4)
Wer ein ruhiges, bürgerliches Quartier vorzieht, wird sich im Gabelshus sehr wohl fühlen. Etwas abseits und still liegt das Haus im feinen Stadtteil Frogner westlich der Stadtmitte. Außen ist es klassisch englisch von Efeu umwachsen, innen strahlt es eleganten Charme aus. Gabelshus liegt nahe dem Anleger der Fähre nach Kiel. *114 Zi. | Gabels gate 16 | Tel. 23 27 65 00 | www.gabelshus.no | Straßenbahn 13: Skillebekk*

### HOTEL GYLDENLØVE (107 D2) (𝄞 G2)
In einem modernen norwegischen Designstil wurde das Hotel Gyldenløve renoviert. Das Haus, ursprünglich im Stil des Funktionalismus erbaut, liegt an Oslos exklusivster und beliebtester Einkaufsstraße auf halbem Weg zwischen Schlosspark und Vigelandspark. *164 Zi. | Bogstadveien 20 | Tel. 23 33 23 00 | www.thonhotels.no/gyldenlove | Straßenbahn 11, 19: Rosenborg*

### QUALITY HOTEL 33 ⭐ (0) (𝄞 0)
Etwas außerhalb des Zentrums steht dieses im Stil der 1960er-Jahre gehaltene Designhotel. Einfache, klare Linien prägen auch die Zimmer. In der 🌿 obersten Etage gibt es ein Restaurant, eine Bar, eine Relaxabteilung und einen phantastischen Blick auf den Oslofjord. *242 Zi. | Østre Aker vei 33 | Tel. 23 19 33 33 | www.choicehotels.no | Bus 60: Økern næringspark*

---

⭐ **Holmenkollen Park Hotel Rica**
Norwegische Holzarchitektur pur trifft auf Traumblick über den Fjord → S. 72

⭐ **Hotel Gabelshus**
Ein Außenseiter mit Stil unter Oslos Mittelklassehotels
→ S. 73

⭐ **Quality Hotel 33**
Bis unter die verglaste Topetage zeichnet sich das Haus durch viel Raum aus. Hier kehrt wirklich Ruhe ein! → S. 73

⭐ **Grand Hotel**
Noblesse und Kunst bis in jede Zimmerecke → S. 74

**MARCO POLO HIGHLIGHTS**

# HOTELS €€

**RICA HOTEL G20** (114 A1) *(🗺 J4)*
Eigentlich ein typisches Businesshotel, aber im Sommer eine gute Alternative für Stadtbummler. Modernes und funktionelles Design, perfekte Lage 500 m vom Bahnhof entfernt, freundlicher und schneller Service. Nur die Zimmer sind etwas klein geraten, dafür ist das Frühstück exzellent. *96 Zi. | Grensen 20 | Tel.* *22 31 06 11 | www.rica.no/hoteller/g20 | Straßenbahn 11, 17, 18: Tinghuset*

**HOTEL SAVOY** (108 A5) *(🗺 H3)*
Dieses traditionsreiche Hotel liegt unmittelbar an der Nationalgalerie. Das vierstöckige Haus bietet 93 gemütliche Zimmer. Die *Bar des Savoy* ist an den Wochenenden ein Treffpunkt, weshalb

# LUXUSHOTELS

**Bristol** (108 A5) *(🗺 H4)*
Das Haus wurde in den 20er-Jahren des letzten Jahrhunderts gebaut und 2000 um einen neuen Flügel erweitert. Der dunkle, traditionelle Stil dieses Hotels kommt am ehesten im *Bristol Grill* zur Geltung, wo große Kronleuchter an der Decke und Säbel an den Wänden die Räume schmücken. In der ● *Bibliothek Bar* treffen sich gerne Künstler und Autoren. Hier schrieb der deutsche Ingenieur Hans Ferdinand Mayer 1939 den berühmten Osloreport und lieferte den Alliierten damit wertvolle deutsche Militärgeheimnisse. Versuchen Sie, ein Zimmer in einer der oberen Etagen zu bekommen, denn besonders am Wochenende kann der Straßenlärm unangenehm sein. *251 Zi. | 178–400 Euro | Kristian IV's gate 7 | Tel. 22 82 60 00 | www.thonhotels.no/bristol | Straßenbahn 11, 17, 18: Tinghuset*

**Continental** ⚕ (107 F5) *(🗺 H4)*
Norwegens bekanntestes Hotel liegt an der Stortingsgata gleich gegenüber dem Nationaltheater. Im Parterre des traditionsreichen Hauses residiert das mindestens ebenso berühmte *Theatercafé*. Seit vier Generationen ist das Continental in Familienbesitz, und die Frauen im Direktorensessel haben dem Haus ihren ganz persönlichen Stempel aufgedrückt. Keiner der mit vielen Antiquitäten möblierten Räume gleicht dem anderen, Individualität wird hier großgeschrieben. Das Hotel gehört als einziges in Norwegen zu den „Leading Hotels of the World". *155 Zi. | 174–400 Euro | Stortingsgata 24–26 | Tel. 22 82 40 00 | www.hotel-continental.com | Straßenbahn 13, 19, T-Bahn 1–6: Nationaltheatret*

**Grand Hotel** ⭐ (108 A6) *(🗺 H4)*
Jedes Jahr im Dezember winkt der neue Friedensnobelpreisträger vom Balkon seiner Nobelsuite den Osloern zu, das Jahr über steigen internationale Stars aus der Film- und Musikbranche hier ab. Über 54 Suiten und 238 Zimmer verfügt das renommierte Hotel an der Karl Johans gate gegenüber dem Parlament. Eine Kuriosität sind die 13 Zimmer auf dem „Ladies Floor", einer Etage, die Damen vorbehalten ist und sie mit entsprechendem Stil und eigener Wellnessabteilung anzusprechen sucht. *189–400 Euro | Karl Johans gate 31 | Tel. 23 21 20 00 | www.grand.no | T-Bahn 1–6: Stortinget, Straßenbahn 13, 19: Wesselsplass*

Vor der Vorstellung: Das Theatercafé im Continental ist die passende Bühne für Oslos Society

es manchmal auch etwas laut wird. *Universitetsgata 11 | Tel. 23 35 42 00 | www.choicehotels.no | Straßenbahn 11, 17, 18: Tullinløkka*

INSIDER TIPP **VILLA FROGNER BED & BREAKFAST** (106 C3) (*♭ E2*)

Eines der schönsten Mittelklassehäuser Oslos liegt in einer ruhigen Nebenstraße direkt am grünen Frognerpark. Die Zimmer sind groß und stilvoll eingerichtet, es ist leicht, beim Frühstück mit anderen Gästen in Kontakt zu kommen. *Nordraaksgate 26 | Tel. 22 56 19 60 | www.bedandbreakfast.no | Straßenbahn Nr. 12: Vigelandsparken*

## HOTELS €

**ANKER HOTEL** (107 D5) (*♭ K3*)

Wer ein wenig weg von der Stadtmitte, dafür aber näher am beliebten Viertel Grünerløkka wohnen möchte, trifft mit dem Anker Hotel eine gute Wahl: 161 freundlich-helle, dabei schlichte Zimmer in einem wuchtigen Gebäude direkt am Fluss Akerselva. *Storgata 55 | Tel. 22 99 75 00 | www.anker-hotel.no | Bus 30, 31, Straßenbahn 11, 12, 13, 17: Hausmanns gate*

**COCHS PENSJONAT** (107 E4) (*♭ G3*)

Moderne, aber einfache Zimmer bietet das Haus nahe dem Schloss. Nicht alle 88 Zimmer haben Dusche und WC. Auch das Frühstück ist nicht inbegriffen, im studentisch geprägten Café nebenan bekommen die Übernachtungsgäste aber Rabatt auf das Frühstücksbüfett. *Parkveien 25 | Tel. 23 33 24 00 | www.cochspensjonat.no | Straßenbahn 12: Welhavens gate*

**EMMA GJESTEHUS** (115 E3) (*♭ 0*)

Wer mit dem Auto nach Oslo kommt, ist hier im Grünen und nahe dem Oslofjord sehr gut untergebracht. Das einfache B & B ist urgemütlich, bietet Gäste aus aller Welt und die Möglichkeit, in der Gemeinschaftsküche eine Mahlzeit zuzubereiten. *Høyrabben 4 | 1366 Sandvika | Tel. 67 13 06 59 | www.emmagjestehus. no | an der E 16 rund 25 Min. westlich der Stadtmitte*

Backpacker aus der ganzen Welt. Übernachtung in 1- bis 6-Bett-Zimmern, gehobener Jugendherbergsstandard. Perfekte Lage zwischen Stortinget und Akershus

Großer Name, guter Preis: Im Hotel Munch wohnen Sie solide und stilvoll, ohne Schnickschnack

### HOTEL MUNCH (108 A5) (*𝄢 H3*)

Munchs Bilder sind teuer, das Hotel gleichen Namens dagegen bietet Qualität zum erschwinglichen Preis. 180 unterschiedlich große Zimmer, einfach, aber stilvoll möbliert. Das Frühstücksbüfett ist reichhaltig. Das Hotel liegt recht zentral gleich hinter dem Regierungsviertel. *Munchs gate 5 | Tel. 23 219 600 | www. thonhotels.no/munch | Straßenbahn 11, 17, 18: Tinghuset*

### PERMINALEN (113 F2) (*𝄢 H4*)

Ein Klassiker unter den Osloer Billighotels. In dem eher unansehnlichen Gebäude wohnten ab Ende der 1960er-Jahre Soldaten im Dienst- oder Wochenendurlaub. Heute treffen sich hier vor allem Festung. *55 Zi. | Øvre Slottsgate 2 | Tel. 24 00 55 00 | www.perminalen.com | Bus 30, 31, 32, 54: Kongensgate*

### `INSIDER TIPP` RESIDENCE KRISTINE-LUND (106 A4) (*𝄢 D3*)

Wohnen wie die reichen Osloer im Westteil der Stadt, doch weitaus günstiger: Das Bed & Breakfast in der Residence Kristinelund macht's möglich. Die Villa von 1916 liegt am Rand des Botschaftsviertels am Ende der Bygdøy Allee. Die Stadtmitte ist ein Stückchen entfernt, dafür liegt die Museumsinsel Bygdøy mit ihren Sehenswürdigkeiten näher. *24 Zi. | Kristinelundsveien 2 | Tel. 40 00 24 11 | www.kristinelund.no | Bus 20, 30, 31: Olav Kyrres plass*

## PRIVATE UNTERKÜNFTE & APARTMENTS

### B & B STORGATA

Platz ist in der kleinsten Hütte, in diesem Fall das Schlafsofa im Wohnzimmer eines 36 m² großen Apartments am Südrand von Grünerløkka. Dafür gibt es besten Rundum-Service – vom Abholen am Bahnhof (zu Fuß 10 Min.) bis zum gemeinsamen Mittagessen (100 NOK extra). Nur für Einzelreisende geeignet. *Anfragen über www.airbnb.com, suchen Sie nach Oslo, Storgata | €*

### FROGNER HOUSE APARTMENTS

Drei verschiedene Häuser, rund 100 verschiedene Wohnungen, die alle eins gemeinsam haben: Stil! Sie können sich wie zu Hause fühlen und dank der zentralen Lage ihre Urlaubstage sehr flexibel gestalten. *Tel. 93 01 00 09 | Skovveien 8* (106 C5) *(ℳ F3)*; *Arbinsgate 3* (107 E5) *(ℳ G4)*; *Ullevålsveien 1* (108 B4) *(ℳ J3) | Frognerhouse.no | €€*

## JUGENDHERBERGEN & HOSTELS

### INSIDER TIPP ▶ BUDGET HOTEL

(114 B2) *(ℳ J5)*

Bei Backpackern die Topadresse für Oslo: Einfacher Standard in kleinen, aber sauberen und funktionellen Zimmern zu günstigen Preisen in einem hübschen Bürgerhaus ganz zentral zwischen Oper und Karl Johan. Wer rechtzeitig bestellt, wohnt für 30 Euro pro Nacht. *54 Zi. | Prinsens gate 6 | Tel. 21 01 40 55 | www.budgethotel.no | alle Bus-, Straßenbahn- und T-Bahn-Linien nahe Oslo S*

### VANDRERHJEM HARALDSHEIM

(105 F5) *(ℳ 0)*

Die Zimmer erinnern an eine Schiffskabine auf der Fähre nach Oslo, doch die Jugendherberge liegt hoch über der Stadt in Grefsen fast schon am Stadtrand. *69 Betten ab 35 Euro pro Nacht/Bett | Haraldsheimveien 4 | Tel. 22 22 29 65 | www.haraldsheim.no | Bus 31, 32, Straßenbahn 17: Sinsenkrysset, T-Bahn 4, 6: Sinsen*

### INSIDER TIPP ▶ VANDRERHJEM HOLTEKILEN (0) *(ℳ 0)*

Die tolle Lage am Oslofjord ist die 15-minütige Zugfahrt nach Westen allemal wert. Im Preis (ab 30 Euro pro Person) sind das Frühstück und viel Grün in der Umgebung inbegriffen. *200 Betten | Michelets vei 55 | Tel. 67 51 80 40 | www.hihostels.no/no/Vandrerhjem/Ostlandet/Oslo_Holtekilen | Bus 151, 153, 161, 162, 252, 261 ab Stadtmitte: Kveldsroveien, Zug Richtung Drammen ab Oslo S: Stabekk*

# LOW BUDGET

▶ Kleine, einfache Hütten werden auf dem *Bogstad Campingplatz* (117 E2) *(ℳ 0)* westlich von Holmenkollen vermietet (ab 55 Euro). Der Bus hält direkt am Campingplatz. *Ankerveien 117 | Tel. 22 51 08 00 | www.bogstadcamping.no | Bus 32: Bogstad Camping*

▶ Dank des norwegischen *Allemannsretten*, des Jedermannsrechts, dürfen Sie nach bestimmten Regeln auf staatlichem Grund übernachten. Also Tagesfahrkarte kaufen und beispielsweise zur Insel *Hovedøya* fahren, ein Plätzchen an einer Bucht mit Blick auf die Stadt suchen und im Zelt oder nur im Schlafsack übernachten. Das sommernächtliche Oslo und die Stadt in der frühen Morgensonne: ein unvergessliches Postkartenmotiv!

# STADTSPAZIERGÄNGE

Die Touren sind im Cityatlas, in der Faltkarte und auf dem hinteren Umschlag grün markiert

**1**

### VON DER INDUSTRIE ZUR IDYLLE: AN OSLOS LEBENSADER ENTLANG

Das touristische Herz der Stadt hinter sich lassen, ein bisschen Stadtnatur erleben und gleichzeitig Norwegens Industriegeschichte durchschreiten – das bietet Ihnen dieser ca. 2,5-stündige Spaziergang, der beim Besuch der empfohlenen Sehenswürdigkeiten auch gut einen halben Tag dauern kann. Seit dem 16. Jh. war das Flüsschen Akerselva die wirtschaftliche Pulsader des industriellen Christiania (Oslo). Zunächst säumten Sägewerke und Papiermühlen beide Uferseiten, später dann Werkstatt- und Textilbetriebe. In vielen der ehemaligen Industriegebäude haben sich heute Hightech- und Kulturbetriebe

angesiedelt. So konnten sich die Flussufer und deren Umgebung auf der ganzen Länge zu einem Paradies für Natur- und Sportfreunde, aber auch für Kulturinteressierte entwickeln. An einem schönen Sommertag gehört unbedingt Ihr Badezeug in den Rucksack.

Der Spaziergang beginnt an der U-Bahnstation **Grønland** *(T-Bahn 1–6)* und verläuft am rechten Flussufer. Schon kurz nach Verlassen der Betonwüste rund um die U-Bahnstation begegnen Sie dem für die Stadtteile am Akerselva typischen Gegensatz: Industriegebäude und Gewerbe auf der einen Flussseite, Parklandschaft und Natur auf der anderen.

Unter der Hausmannsbrücke hindurch geht es weiter bis zur **Ankerbrücke**. Hier lohnt es sich, zur Brücke hochzugehen.

---

Bild: Åmot-Hängebrücke

## Ob Industrie-, Schifffahrts- oder Sportgeschichte – in Oslo verbindet sich auch die Spurensuche immer mit einem Naturerlebnis

Sie ist mit **INSIDER TIPP** **vier Bronzeskulpturen** mit Motiven aus norwegischen Volksmärchen des Künstlers Dyre Vaa ausgeschmückt. Machen Sie einen Abstecher über die Brücke zum anderen Ufer. Hier liegt das **INSIDER TIPP** *Norwegische Design- und Architekturzentrum (Mo, Di, Fr 10–17, Mi/Do 10–20, Sa/So 12–17 Uhr | Eintritt frei | Hausmannsgate 16)*. Das Zentrum ist in einer ehemaligen Transformatorenstation untergebracht, ein schönes Beispiel für die Verwandlung der Industrielandschaften am Fluss.

Gehen Sie über die Ankerbrücke wieder aufs rechte Flussufer hinüber und setzen Sie den Spaziergang dort fort. An der Straße **Brenneriveien** wird es am Flüsschen noch einmal richtig städtisch eng. Am linken Ufer liegt das bekannte Jazzlokal **Blå → S. 69**. An Sonntagen lohnt sich der Abstecher über die Fußgängerbrücke hinüber, dann werden dort von 12–17 Uhr Kunsthandwerk und Gebrauchsgegenstände verkauft.

Schon bald führt der rechtsseitige Flussuferweg zu **Nedre Foss**, dem unteren

Wasserfall. Bis hierher war der Fluss früher schiffbar. Das weithin sichtbare Silo ist letztes Zeugnis eines einstigen Mühlenbetriebs, heute sind dort Studentenwohnungen eingerichtet.

Etwas weiter oben erreichen Sie die Umgebung von **Kuba**, dort wechseln Sie über die Holzbrücke die Flussseite. Kuba heißt das Gebiet nicht etwa wegen der vielen spontanen Sommerpartys, politischen Kundgebungen und Konzerte, die in hellen Sommernächten fast karibische Stimmung verbreiten, sondern weil hier einmal ein Gaswerk stand, dessen Heizkessel eine kubische Form hatte.

Durch den Park von Kuba geht es hoch zur **Åmot-Hängebrücke**, über die Sie wieder zum rechten Flussufer hinüberwechseln. Sie stand ursprünglich in Modum westlich von Oslo, wurde aber in Grünerløkka wieder aufgebaut. Nach einem steilen Anstieg erreichen Sie **Øvre Foss**. Der obere Wasserfall ist wohl der schönste am Fluss Akerselva.

Direkt am Wasserfall liegt ein charmantes kleines Holzhaus: ● INSIDER TIPP *Hønse-Lovisas Hus*. In dem kleinen Café, einer Oase der Stille, gibt es die besten frischen Waffeln der Stadt, die mit Rahm und Marmelade serviert werden. Um das rot gestrichene Haus herum lagen einst die Herzstücke der Industrialisierung entlang des Akerselva – die Spinnereien *Hjula* und *Graah* und einige Hundert Meter weiter oben die mechanische Werkstatt *Myhren,* die Maschinen für die Betriebe am Akerselva herstellte. An den Werkstätten lohnt sich ein Abstecher nach rechts zum **Oscar Braatens Platz** und ins INSIDER TIPP *Vertshus Oscar Braaten* (Tel. 22 38 17 40 | €). Wer sich jetzt stärken muss: Auf der durch und durch norwegischen Karte steht auch das deftige Wanderfrühstück *torshov-frokost* aus Kartoffeln, Eiern und Speck – mit oder ohne Bier.

Kurz vor dem Viertel Nydalen entfernt sich der Spazierweg vom Flusslauf. **Nydalen** ist heute ein moderner Stadtteil mit Schulen, Hotels und eigener U-Bahnstation. Kurz hinter Nydalen überqueren Sie wieder den Fluss, der jetzt schon eher einem Gebirgsbach ähnelt. Halten Sie sich links, biegen Sie kurz danach rechts ab und dann zum Nydalsdamm, wo sich der Akerselva rauschend hinunterstürzt. Am Fuß bildet er einen kleinen Teich ● INSIDER TIPP mit idyllischem Badeplatz auf der anderen Seite des Ufers. Obwohl noch auf städtischem Gebiet, fühlt man sich abgeschieden in idyllischer Natur. Wer an einem Sommerabend spazieren geht, kann mit ein wenig Glück in dem ruhig fließenden Bach sogar Biber oder zumindest deren Bauwerke entdecken.

Das **Technische Museum** (*20. Juni –20. Aug. tgl. 10–18, sonst Di–Fr 9–16, Sa/So 11–18 Uhr | 90 NOK | www.tekniskmuseum.no*) bietet die Möglichkeit, die Eindrücke des Spaziergangs noch einmal gebündelt zu sehen: einen anschaulichen Rückblick auf die Industrialisierung des Akerselva, aber auch einen Blick auf die von der Erdölindustrie geprägte Gegenwart Norwegens. Gleich gegenüber dem Museum, auf der anderen Seite der Bahngleise, liegt die Bahnstation Kjelsås. Von dort bringt Sie die Linie 54 zur Hauptverkehrszeit alle sechs Minuten zurück ins Stadtzentrum.

## ② UNTERWEGS AUF DER MUSEUMSINSEL BYGDØY

Fjordluft schnuppern, norwegische Geschichte erleben. Die Halbinsel ● Bygdøy im Südwesten der Stadt lädt zum Ausflug in die norwegische Volkskultur und zur Begegnung mit den wahren Helden des Landes ein – die sich wohl allesamt auf dem Wasser am

Berühmter Schoner: Auf der Fram spielte sich Norwegens gesamte Polargeschichte ab

wohlsten fühlten. Da passt es, den Halbtagesspaziergang mit einer Schifffahrt zu beginnen. Bygdøy bietet außer prachtvollen Villen und bewaldeten Fjordufern viele versteckte Badeplätze – und eine ganze Handvoll spannender Museen. Packen Sie Handtuch und Badehose ein. Verlaufen können Sie sich auf Bygdøy nicht, die Sehenswürdigkeiten sind ausgeschildert.

Der perfekte Rahmen: Himmel und Fjord sind blau, nach einer viel zu kurzen Sommernacht ist die Fahrt mit der **INSIDER TIPP** *Bygdøy-Fähre (Nr. 91 ab Rathausanleger 3 | April–Okt. tgl. 8.45 –20.45 Uhr | 40 NOK),* wenn Sie einen Platz auf dem schmalen Vorderdeck ergattern, so erquickend wie eine Morgendusche. Auf der Wiese nur ein paar Schritte vom Anleger sind Sie schon mittendrin in Norwegens stolzer Polargeschichte. Mit dem **Einmaster Gjøa**, einem gut 21 m langen, bauchigen Schoner, durchquerten Roald Amundsen und

seine Crew zwischen 1903 und 1906 die Nordwestpassage. Die *Gjøa* gehört zum norwegischen **Schifffahrtsmuseum**, das links dahinter liegt *(Mitte Mai–Ende Aug. tgl. 10–18, sonst Di–Fr 10–15, Do bis 18, Sa/So 10–16 Uhr | 60 NOK).* Wichtigstes Exponat ist das sorgsam restaurierte *Stokke-Boot* aus dem 2. Jh. v. Chr. – das älteste in Norwegen gefundene Wasserfahrzeug. Während die *Gjøa* im Freien stehen muss, baute man bereits 1936 ein Museum für das wohl berühmteste Holzschiff der Welt. Rechts vom Schifffahrtsmuseum ist die **Fram** in dem größeren der beiden Dreiecksbauten zu Hause. Zwischen 1893 und 1912 segelte der Schoner mit dem extrem breiten und massiven Rumpf durch die unwirtlichsten Meeresgebiete nahe der beiden Pole. Drei Jahre lang ließ sich Fridtjof Nansen mit seiner Mannschaft vom Packeis treiben, 1895 brach er mit dem Meteorologen Hjalmar Johansen auf Skiern zum Nordpol auf. Dieser Versuch scheiterte

Viel mehr als nur Trachten und alte Häuser: Ein Tag im Norsk Folkemuseum ist Norwegen pur

zwar, aber dennoch war die Rückreise an Bord der *Fram* entlang der norwegischen Küste 1896 ein Triumph, schließlich hatten Nansen und seine Crew bis dahin unberührte Eiswüsten entdeckt und darin überlebt. 1898 wählte Otto Sverdrup das Schiff für seine Grönland-Expedition, und 1912 steuerte Roald Amundsen an Bord dieses Schoners die Antarktis an, um mit Hundeschlitten als Erster den Südpol zu erreichen. Kurz gesagt: Norwegens große Polargeschichte auf einem einzigen Schiff *(Juni–Aug. tgl. 9–18, Sept./März–Mai tgl. 10–17, Okt.–Feb. 10–15 Uhr | 60 NOK)*.

Eine halbe Stunde im Freien, vielleicht eine kleine Mahlzeit am sandigen ✿ Fjordufer oder auf der Wiese davor – zur Mittagszeit ist es in diesem Teil von Bygdøy touristisch überlaufen, eine Pause deshalb ratsam. Genießen Sie die Aussicht! Bevor Sie sich ins Innere der Insel aufmachen, sollten Sie im **Kon-Tiki-Museum** *(Juni–Aug. tgl. 9.30–17.30 Uhr, April/Mai/Sept. 10–17, Okt.–März 10.30–16 Uhr | 65 NOK)* vorbeischauen,

das einem der bekanntesten und umstrittensten Wissenschaftler Norwegens gewidmet ist, Thor Heyerdahl. Mit dem berühmten Balsafloß *Kon-Tiki* segelte Heyerdahl 4300 Seemeilen von Südamerika über den Pazifik nach Polynesien. Ganze 57 Tage brauchte er mit dem Papyrusschiff *Ra II* für die Strecke zwischen Marokko und Barbados. Zusammen mit Statuen von der Osterinsel und einem Modell des Schilffloßes *Tigris,* mit dem Heyerdahl 1977 von Euphrat und Tigris über den Indischen Ozean bis zum Horn von Afrika segelte, sind sie die wichtigsten Exponate des Museums.

500 m westwärts und weitere 500 m auf dem **Langviksveien** genügen, um festzustellen, dass Bygdøy die Insel der reichen Osloer ist. Imposante Villen liegen umgeben von Gärten und Parks, hier ist alles sehr gepflegt und etwas versteckt. Besonders interessant sind hier **Oseberg-, Gokstad- und Tuneschiff**. Die drei Fahrzeuge aus der Wikingerzeit wurden im letzten Jahrhundert am südöstlichen Ufer des Oslofjords gefunden, stehen

heute im ⭐ **Vikingskipshuset,** dem Wikingerschiffmuseum, und geben anschaulich Aufschluss über Totenkult, Gebrauchsgegenstände, Waffen und Kleider der angeblich so kriegerischen Vorfahren der Norweger *(Juni–Aug. tgl. 9–18, Sept.–Mai tgl. 10–16 Uhr | 70 NOK)*. Hier könnte der Ausflug in die Geschichte enden, wartete nicht zwei Steinwürfe weiter nördlich das **Norsk Folkemuseum** *(Mitte Mai–Mitte Sept. tgl. 10–18, Mitte Sept.–Mitte Mai Mo–Fr 11–15, Sa/So 11–16 Uhr | 100 NOK)*, Norwegens größtes Museum. Gehen Sie auf Zeitreise zu Bautraditionen, Trachten und Handwerkskunst aus sieben Jahrhunderten in dem nach Regionen angeordneten Freilichtmuseum mit mehr als 150 Gebäuden – Stabkirche und Bauernhöfe, Handwerksbetriebe und Stadthäuser. Drum herum gibt es Volkstanz, traditionellen Gesang und viele Aktivitäten. Ein Sommertag im Volksmuseum ist Norwegen pur und ein Riesenspaß auch für Kinder. Vor allen Sehenswürdigkeiten auf Bygdøy hält der Linienbus. Sie warten nie länger als 10 Minuten, die Fahrt in die Stadtmitte dauert rund 20 Minuten.

## 3 AUF OLYMPISCHEN PFADEN RUND UM DEN HOLMENKOLLEN

Auch im Sommer gehört der Abstecher zum Holmenkollen ins Programm eines Oslobesuchs. Die berühmteste S-Bahn-Strecke der Stadt, die modernsten Skisportanlagen Europas, die schönsten Ausblicke auf Hauptstadt und Fjord sowie ein Spaziergang auf den Spuren weltberühmter Wintersportler sind Bestandteile eines aktiven halben Tages. Die vorgeschlagene Route zwischen den beiden Haltestellen ist gut 2,5 km lang, ausgeschildert und nicht zu verfehlen. Im Viertelstundentakt fährt die Linie 1 B a vom **Bahnhof Majorstuen** ab, die schon seit ewigen Zeiten den Beinamen „Holmenkollbanen" trägt. Nach 30 Minuten steigen Sie an der **Haltestelle Frognerseter** aus und kehren nach kurzem Spaziergang erst einmal im **Café Seterstua** des berühmten einstigen Almhofs Frognerseter ein *(Mo–Sa 11–22, So 11–21 Uhr | Holmenkollveien 200)*, schauen sich den prachtvollen, dunkel gebeizten Bau mit seinen geschnitzten Säulen, Balken und Drachenköpfen auch von innen gut an, kaufen sich traditionsgemäß eine warme Schokolade mit Apfelkuchen und nehmen Platz auf der ☀ Terrasse, um von dort die grandiose Aussicht über den Wald, die Stadt und den Fjord zu genießen. Dieses Panorama wird Sie begleiten, wenn Sie in den nächsten Minuten auf dem Waldweg links der Straße Richtung Holmenkollen spazieren. Hier sind Sie bereits mittendrin in den **olympischen Loipen** von 1952 – zuletzt kämpften hier die Helden des nordischen Skisports bei der WM 2011 um edles Metall. Es geht gemütlich bis fast nach ☀ **Midtstubakken,** der kleinen Skisprungschanze, die ebenfalls zur WM 2011 gebaut wurde. Lassen Sie diesen Abstecher nicht aus, die Aussicht von der Schanze ist nicht zu toppen. Danach überqueren Sie nach rechts die Straße Holmenkollveien etwa in Höhe der **Holmenkollen kapell → S. 49**. Nach links gehen Sie nun direkt auf das **neue Stadion** und die **Biathlon-Schießanlage** zu. Vor ihnen liegt die Tribüne, dahinter die mächtige **neue Sprungschanze → S. 48**. Mit ein wenig Glück können Sie den Skispringern beim Sommertraining zuschauen und bekommen dabei einen kleinen Eindruck davon, was hier während des berühmten Skispringens Anfang März los ist. Mit dem Skistadion zur rechten Hand verlassen Sie olympisches Gelände und bummeln bergabwärts zur Haltestelle Holmenkollen, von wo Sie wieder Richtung Stadtmitte fahren.

# MIT KINDERN UNTERWEGS

Wie alle Skandinavier sind die Norweger sehr kinderfreundlich. Die Jüngsten werden überall ernst genommen und aktiv einbezogen. Frauen und Männer kümmern sich weitgehend gleichberechtigt um den Nachwuchs. Selbstverständlich sind Kinderstühle in Restaurants, die meisten bieten auch Kinderspeisekarten. Die Parks der Stadt (die allermeisten mit Spielplätzen) sind beliebte Treffpunkte für Kinder; im Stadtgebiet ist fast immer einer in Reichweite.

### INSIDER TIPP BADEN AUF OSLOS INSELN (117 F3) (⌖ F–H 7–8)

Die großen Inseln im Oslofjord – Hovedøya, Langøyene und Gressholmen – laden im Sommer zum Baden ein. Besonders für Familien geeignet sind Langøyene und Gressholmen, die eigentlich aus drei Inseln besteht. Der Badeplatz im Naturschutzgebiet liegt auf Rambergøya und ist in rund 10 Minuten von der Hauptinsel Gressholmen aus zu erreichen. Die Fähre Nr. 93 braucht vom Anleger Vippetangen südlich der Akershus-Festung rund 15 Minuten zur Insel. Abfahrtszeiten entnehmen Sie dem Fahrplan *(ruter)* der Osloer Verkehrsbetriebe. Zum langen Sandstrand von Langøyene gehören eine große Liegewiese, Kiosk und WC. Von Vippetangen bringt die Fährlinie 94 die Badegäste nach Langøyene. *Inselticket (øybilletten) Erw. 40, Kinder 20 NOK*

### BOGSTAD GÅRD (117 E2) (⌖ 0)

Ein Bauernhof in kommunaler Regie mit Schafen, Kühen, Pferden, Hühnern und Kaninchen, ökologischem Gemüseanbau und viel Platz für Kinder. Erwachsene schauen sich den prachtvollen Herrenhof näher an – die regelmäßigen Führungen dort *(Di–So 13, 14 Uhr | 60 NOK)* gibt es leider nur auf Norwegisch. In jedem Fall sollten Sie für den Ausflug aufs Land einen ganzen Nachmittag einplanen. *Di–So 12–16 Uhr | Eintritt frei | Sørkedalsveien 826 | www.bogstad.no | Straßenbahn 2 bis Røa, dann Bus 41 bis Sørkedalen*

### INSIDER TIPP INTERNASJONAL BARNE-KUNSTMUSEUM ● (0) (⌖ 0)

Ein ungewöhnliches Museum mit ungewöhnlicher Zielsetzung: Kinderkunst aus aller Welt zu sammeln, zu erhalten und zu vermitteln – und neue Kunst zu schaffen. Das passiert v. a. in der Werkstatt, in der Kinder verschiedene Techniken ausprobieren können. Dazu gibt es Tanz, Gesang und Spiel. Erwachsene dürfen mitmachen, haben aber nicht viel zu sagen. Der Garten des Museums ist ein kleines Fantasien,

## Kühe, Kaimane, Kinderkunst: Wo kindliche Werke ein eigenes Museum bekommen, ist auch Ihr Nachwuchs bestens aufgehoben

in dem sich viele junge Künstler austoben durften. *Di–Do 9.30–14, So 11–16 Uhr | Erw. 60, Kinder 40 NOK | Lille Frøens vei 4 | www.barnekunst.no | T-Bahn 1: Frøen*

### REPTILPARK (108 B4) *(🗺 J3)*

Der Papagei heißt Junior, der Kaiman Brutus und der Leguan Charlie. Sie und ihre mehr oder weniger harmlosen Freunde sind im Osloer Reptilienpark zu Hause. *Berühren verboten* heißt es auch für Spinnen, Insekten, Frösche oder Schlangen, die übrigens – wer dies in seinem Ferienplan berücksichtigen kann – immer dienstags um 17 Uhr gefüttert werden. *April–Aug. tgl. 10–18 Uhr | Erw. 100, Kinder 70 NOK | St. Olavs gate 2 | www.reptilpark.no | Bus 37: Nordahl Bruns gate*

### TEKNISK MUSEUM (105 E1) *(🗺 O)*

Im Nationalmuseum für Technik, Wissenschaft und Medizin ist immer etwas los – vor allem für die jüngeren Gäste. Interaktive Installationen, Roboterzentrum und Planetarium gehören zu den Highlights, doch gerade die Sammlung mit Exponaten ab 1850 bis heute macht den Besuch zum Erlebnis. *Di–Fr 9–16 (Ende Juni–Mitte Aug. auch Mo), Sa/So 11–18 Uhr | Erw. 90, Kinder 50 NOK | Kjelsåsveien 143 | www.tekniskmuseum.no | Straßenbahn 12 (Kjelsås) oder 11 (Disen): Kjelsås*

### TUSENFRYD (117 F4) *(🗺 O)*

Norwegens größter Freizeitpark Tusenfryd liegt rund 20 km südlich von Oslo und bietet 33 verschiedene, bisweilen halsbrecherische Attraktionen – vom beschaulich drehenden Karussell bis zur rasanten Fahrt mit Nordeuropas größter Achterbahn *Thunder Coaster* oder dem im Wasser endenden *Super Splash*. *Juli–Aug. tgl. 10.30–19 Uhr, sonst stark variierende Zeiten | Tagesticket unter 95 Größe cm frei, unter 120 cm 270, über 120 cm 345 NOK | www.tusenfryd.no | E 18 Richtung Süden, Abfahrt Vinterbro, dann ausgeschildert; Bus vom Busterminal Oslo während der Öffnungszeiten alle 30 Min., Erw. 40, Kinder 25 NOK*

# EVENTS, FESTE & MEHR

Für fast alle Osloer Veranstaltungen und Festivals gibt's Tickets über *Billettservice (Tel. 81 53 31 33 | www.billettservice.no).*

## OFFIZIELLE FEIERTAGE

**1. Jan.** *Neujahr;* **1. Mai** *Tag der Arbeit;* **Gründonnerstag; Ostermontag; 17. Mai** *Tag der Verfassung;* **Christi Himmelfahrt; Pfingstmontag; 24. Dez.** *Heiligabend (nachmittags),* **25./26. Dez.** *Weihnachten*

## VERANSTALTUNGEN

### JANUAR/FEBRUAR

▶ *Oslo Vinternattfestival* des Norwegischen Kammermusikorchesters am letzten Januar- oder ersten Februar-Wochenende in Kirchen, Cafés und der alten Osloer Loge (*www.detnorskekammerorkester.no*)

### FEBRUAR

Ein ausgesprochen nordisches Profil hat das ▶ **INSIDER TIPP** *Rockfestival by:larm* mit rund 50 zumeist jungen Gruppen. Eine Fachjury wählt die Teilnehmer aus, das Niveau ist erstaunlich hoch.

### MÄRZ

Der ▶ ⭐ *Holmenkollen-Sonntag* (meist der 2. des Monats) ist mehr als ein Ski-

springen. Das Volksfest beginnt schon in der U-Bahn, um die Schanze herum ist dann bei jedem Wetter richtig Stimmung, die durch erstklassige Sprünge, Punsch und warme Würstchen angeheizt wird.

### APRIL

Beim ▶ *Inferno Metal Festival* treffen sich 40 Bands und Fans der wirklich harten Musik vier Tage zum ausgiebigen Feiern (*www.infernofestival.net*).

### MAI

Höhepunkt des Nationalfeiertags am 17. ist der ▶ *Kinderumzug* auf der Straße Karl Johan zum Schlossplatz hoch und an der königlichen Familie vorbei. Den Rest des Tages wird gefeiert – in jedem Stadtteil, in den Parks und immer für die Kinder.

### JUNI

▶ ⭐ ● *Mittsommernacht:* Am 23. Juni feiert ganz Oslo mit Lagerfeuern und viel Alkohol unter freiem Himmel die kürzeste Nacht des Jahres, gern im Frognerpark. ▶ *Norwegian Wood:* Das älteste und bekannteste Rockfestival von Oslo auf dem Gelände des Freibads *Frognerbadet* mit internationalen Rockklassikern sowie norwegischen Gruppen (*www. norwegianwood.no | Karten über Billett-*

## Kultur ohne Grenzen: Oslos Eventkalender ist vor allem in Sachen Musik von Klassik bis Metal hochkarätig und international bestückt

service, bei Postämtern oder Narvesen- und 7-Eleven-Kiosken)

### AUGUST

▶ **Øyafestivalen** internationales Rockfestival Anfang des Monats im *Middelalderparken* (*www.oyafestivalen.com*)

▶ ***Oslo Kammermusikkfestival*** mit hochkarätigen Streichquartetten aus aller Welt. Attraktive Mischung aus entspannter Atmosphäre und ungewöhnlichen Veranstaltungsorten, z. B. im Hof der Festung Akershus (*www. oslokammermusikkfestival.no*)

### AUGUST/SEPTEMBER

▶ **Ibsen-Festival**: erstklassiges Theatertreffen mit Inszenierungen des norwegischen Dramatikers von Ensembles aus aller Welt (*www.ibsenfestivalen.no* | Karten unter Tel. 81 50 08 11)

### OKTOBER

▶ **CODA Oslo International Dance Festival**: hochkarätiges Tanztheater mit Gastspielen aus der ganzen Welt in der neuen Oper und im Dansens Hus (*www. codadancefest.no*)

▶ **Film fra Sør**: Eine Wundertüte für Cineasten mit Spiel- und Dokumentarfilmen v. a. aus Asien, Afrika und Südamerika. Außerhalb der Kinosäle gibt's musikalische Begegnungen sowie Treffen rund ums Nicht-Hollywood-Kino. Programm unter *www.filmfrasor.no/en/*

### NOVEMBER

▶ **INSIDER TIPP** ▶ *Oslo World Music Festival:* ein Höhepunkt im Osloer Musikjahr in der ersten vollen Novemberwoche, mehr als 20 Konzerte mit Musikern aus allen Erdteilen (*www.rikskonsertene.no/ osloworldmusicfestival*)

### DEZEMBER

▶ ***Konzert anlässlich der Friedensnobelpreisverleihung*** am 11. Dezember im Konzertsaal *Oslo Spektrum,* bei dem auch der Preisträger dabei ist *(Tickets über Billettservice)*

# ICH WAR SCHON DA!

**Drei User aus der MARCO POLO Community verraten ihre Lieblingsplätze und ihre schönsten Erlebnisse**

### ENGEBRET CAFÉ

In Oslo entdeckte ich durch Zufall ein tolles Café-Restaurant *(Bankplassen 1)* der gehobenen Kategorie mit superleckeren norwegischen Spezialitäten wie z. B. Rentier. Ich kostete zum ersten Mal davon und ich muss sagen: Das Essen war ein Gedicht! Auch der selbsthergestellte und eisgekühlte Apfelsaft war sehr lecker. Das Restaurant liegt ganz in der Nähe der bekannten Festung Askershus, nicht weit vom Hafen und vom Rathaus entfernt. Gleich gegenüber befindet sich das Museum für Zeitgenössische Kunst *(Museet for samtidskunst),* das ich ebenfalls sehr empfehlen kann. **muffyns aus Stuttgart**

### COMFORT HOTEL BØRSPARKEN

Wer ein zentral gelegenes, sauberes Hotel in Oslo sucht, wird hier fündig: Das Comfort Hotel Børsparken liegt nur wenige Minuten vom Hauptbahnhof und vielen Sehenswürdigkeiten entfernt. Wir mochten die stilvolle Einrichtung unseres Zimmers, das nachts auch sehr ruhig war. Auch das Personal war äußerst zuvorkommend zu uns. **Sammy2005 aus Pirmasens**

### CAMPINGPLATZ EKEBERG

Ich übernachtete mit Freunden auf dem Campingplatz Ekeberg – ein sehr großer Campingplatz mit vielen jungen Leuten. Da man von hier aus eine sehr exklusive Aussicht über die Stadt hat, ist dieser auch sehr stark frequentiert – vor allem im Sommer. Mit dem Bus gelangt man gut in die Stadt. **magiccly aus Stuttgart**

**Haben auch Sie etwas Besonderes erlebt oder einen Lieblingsplatz gefunden, den nicht jeder kennt? Gehen Sie einfach auf www.marcopolo.de/mein-tipp**

# LINKS, BLOGS, APPS & MORE

LINKS

▶ www.marcopolo.de/oslo Alles auf einen Blick zu Ihrem Reiseziel Oslo: Interaktive Karten inklusive Planungsfunktion, Impressionen aus der Community, aktuelle News und Angebote …

▶ mp.marcopolo.de/osl1 Basisinformationen wie Sehenswertes und Hotels für Touristen; dazu gibt es für Sie reichlich Fakten über das Wetter, Transportmittel, Stadtgeschichte, Events und noch viel mehr

▶ www.visitoslo.com/de Sehr übersichtlich trotz der umfangreichen Informationen; neben Tourismus- und Reisebranche auch Angebote für Kongresse und Konferenzen. Nach der Reise kann man hier Tipps, Bilder und Videos veröffentlichen

▶ www.airbnb.com/oslo Eine breite Palette privater Unterkünfte in Oslo – Zimmer und Apartments – werden auf dieser Site angeboten. Auch die Gastgeber kommen zu Wort!

BLOGS & FOREN

▶ norglish.wordpress.com Dieser Blog eines erst relativ frisch in die Stadt gezogenen Twenty-Somethings macht jede Menge Laune: Sehr persönlich und unterhaltsam werden hier alle wichtige Themen zwischen norwegischem Patriotismus und einem Nachruf auf Dennis Hopper angeschnitten

▶ wikitravel.org/en/Oslo Hier kann man sich nicht nur informieren, sondern nach der Reise auch selbst an dem Reiseführer in Wikipedia-Format mitschreiben; auch auf Deutsch, die besseren Infos gibt's aber auf der englischen Seite

▶ oslostil.blogspot.com Für alle Fashionistas und solche, die es noch werden wollen, gibt es hier jede Menge Anregungen für die Erweiterung des Kleiderschranks und des eigenen Kleidungsstils. Der angekündigte Umzug des Blogs auf eine eigene Homepage war zu Redaktionsschluss gerade in Arbeit

**Egal, ob Sie sich vorbereiten auf Ihre Reise oder vor Ort sind: Mit diesen Adressen finden Sie noch mehr Informationen, Videos und Netzwerke, die Ihren Urlaub bereichern. Da manche Adressen extrem lang sind, führt Sie der kürzere mp.marcopolo.de-Code direkt auf die beschriebenen Websites**

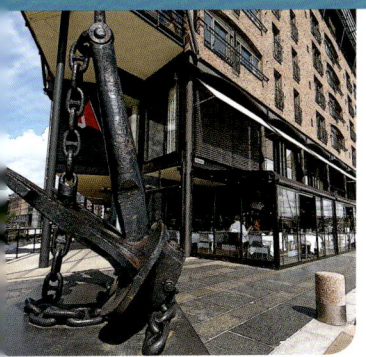

► mp.marcopolo.de/osl2 Offizieller und daher recht professioneller Clip von der Naturschönheit über Sehenswürdigkeiten bis zu kurzen Interviews mit Spa-, Mall- und Bar-Managern

► mp.marcopolo.de/osl3 In Slow Motion gefilmte Eindrücke werden hier auf künstlerische Art und Weise mit frischen Beats unterlegt; verträumt und gleichzeitig stylish – ein bisschen wie die Stadt selbst

## VIDEOS, STREAMS & PODCASTS

► mp.marcopolo.de/osl4 Ein eher typischer Urlaubsclip von einem Besuch im winterlichen Oslo; Ankunft am Flughafen, viele Sehenswürdigkeiten, aber auch private Einsichten eines jungen Hobbyfilmers

► City Guide Oslo von APlus Software Mit dieser App brauchen Sie nicht online sein, um sich zu orientieren oder sich über historische wie kulturelle Fakten zu informieren. Auch Sicherheitshinweise und Fun Facts sind enthalten

► AllSubway Fahrpläne der öffentlichen Verkehrsmittel von über 120 Städten von Amsterdam bis Zürich – natürlich ist auch der Osloer Linienplan dabei

► Radio 1-App Mit der kostenlosen Applikation empfangen Sie nicht nur das Osloer Radio 1, sondern auch das in Bergen, Trondheim und Stavanger. Für den Live-Stream braucht das Handy jedoch Internetzugang

## APPS

► mp.marcopolo.de/osl5 Die Thorntree-Community tauscht Erfahrungen und nützliche Tipps rund um die norwegische Hauptstadt: Welche Transportmittel sind die verlässlichsten für die Anreise, welche Unterkünfte besonders billig oder welches China-Restaurant auf keinen Fall zu empfehlen ist

► mp.marcopolo.de/osl6 Das „Tor zum Norden", wie es hier heißt, wird von dieser Reise-Community in vielen interessanten Facetten vorgestellt. Es gibt Tipps für Nachtleben und Restaurants, aber auch viele Fotos sind zu sehen

► mp.marcopolo.de/osl7 Auch hier erfährt man viel Interessantes aus der Sicht von Reisenden; Tipps von familienfreundlichen Unterkünften über zentrale Yoga-Schulen bis zu den besten Märkten der Stadt

## NETWORK

# PRAKTISCHE HINWEISE

## ANREISE

  Die Colourline-Fähre verkehrt direkt zwischen Kiel und Oslo. (*20 Std. | Autopakete für 4 Pers. ab 460 Euro, Hauptsaison 540 Euro | www.colorline.de*). Andere Fährverbindungen von/nach Deutschland, Dänemark bzw. Schweden (*z. B. Kiel–Göteborg und Fredrikshavn–Oslo*) unter *www.stenalines.de*. Ohne Fähre geht es mit dem Auto über Kolding, die Inseln Fünen und Seeland in Dänemark nach Malmø und von dort Richtung Norden bis nach Oslo. Dabei sind Mautgebühren über den *Großen Belt* (*29 EUR*) und den *Öresund (30 EUR)* fällig.

 Ein trauriges Kapitel sind die internationalen Zugverbindungen von und nach Oslo. Die Fahrt ab Hamburg über Kopenhagen und Malmø dauert 20 Stunden, Ankunft am Hauptbahnhof *Oslo Sentralstasjon (Oslo S)*. Preislich lohnt sich nur das Interrail-Ticket (*ca. 260 EUR, 1-Land-Pass für 8 Tage ca. 200 EUR*). Oslo S liegt direkt im Zentrum, alle Straßen- und U-Bahnen haben hier eine Haltestelle.

✈ Den Osloer Flughafen Gardermoen (*40 km nördlich*) fliegen SAS, Lufthansa und Norwegian von mehreren deutschen Flughäfen aus an. Ab Zürich fliegen SAS und Swiss International Airlines, Austria fliegt von Wien direkt nach Oslo. Norwegian steuert von Berlin-Schönefeld außer Gardermoen auch den Flugplatz Rygge 70 km südöstlich Oslos an, RyanAir von mehreren deutschen Flugplätzen aus den Landeplatz Torp/Sandefjord (*100 km westlich*). Zwischen Gardermoen und Oslo fährt ein Hochgeschwindigkeitszug (*einfache Fahrt 180 NOK*), der Bus Rygge–Oslo kostet 120 NOK (*hin u. zurück 210 NOK*), die Busfahrt Torp–Oslo dauert gut 100 Minuten und kostet 220 NOK (*hin u. zurück 290 NOK*).

## GRÜN & FAIR REISEN

Auf Reisen können auch Sie mit einfachen Mitteln viel bewirken. Behalten Sie nicht nur die $CO_2$-Bilanz für Hin- und Rückflug im Hinterkopf (*www.atmosfair.de*), sondern achten und schützen Sie auch nachhaltig Natur und Kultur im Reiseland (*www.gate-tourismus.de; www.zukunft-reisen.de; www.ecotrans.de*). Gerade als Tourist ist es wichtig, auf Aspekte zu achten wie Naturschutz (*www.nabu.de; www.wwf.de*), regionale Produkte, Fahrradfahren (statt Autofahren), Wassersparen und vieles mehr. Wenn Sie mehr über ökologischen Tourismus erfahren wollen: europaweit *www.oete.de*; weltweit *www.germanwatch.org*

## AUSKUNFT VOR DER REISE

### VISIT NORWAY
*ABC-Str. 19 | 20354 Hamburg | Tel. 0180 5 00 15 48 (\*) | www.visitnorway.de* | Weitere Informationen unter *www.visitoslo.com/de*

## AUSKUNFT

### TRAFIKANTEN
*am Hauptbahnhof* (114 B2) (Ⓜ J4) | *Jernbanetorget 1 | Tel. 81 53 05 55; am Rathaus* (113 E1) (Ⓜ H4) | *Fridtjof*

# Von Anreise bis Zoll

**Urlaub von Anfang bis Ende: die wichtigsten Adressen und Informationen für Ihre Osloreise**

Nansens plass 5; am Anleger für Kreuzfahrtschiffe bei der Akershusfestung (113 E3) (*H5*) | während der Schiffsanläufe im Sommer geöffnet

## DIPLOMATISCHE VERTRETUNGEN

### DEUTSCHE BOTSCHAFT
(107 D4) (*G3*) | Oscars gate 45 | Tel. 23 27 54 00 | www.oslo.diplo.de | Mo–Fr 8.30–11.30 Uhr

### ÖSTERREICHISCHE BOTSCHAFT
(106 B5) (*E4*) | Thomas Heftyes gate 19–21 | Tel. 22 54 02 00 | oslo-ob@bmeia.gv.at | Mo–Fr 10–12 Uhr

### SCHWEIZER BOTSCHAFT
(106 A4) (*D3*) | Bygdøy Allé 78 | Tel. 22 54 23 90 | www.eda.admin.ch/oslo | Mo–Fr 9.30–12 Uhr

## FAHRRADFAHREN

In der Stadtmitte gibt es wenige Fahrradwege, je zwei Radwegachsen Nord–Süd und Ost–West durch Oslo sind geplant. Bis dahin sollten Radfahrer, die das Radeln genießen wollen, auf die Wanderwege am Stadtrand ausweichen. Hier sind tolle Tagesausflüge möglich. Detaillierte Radwanderkarten für den Ost- und Westteil der Stadt gibt es bei Syklistenes Landsforening (Postboks 88 83 | Youngstorget | 0028 Oslo | post@syklistene.no | Besucheradresse Storgate 3, 2. Stock). Leihen können Sie Fahrräder nur am bei Ski & Guide nahe Holmenkollen (Tagesmiete 350 NOK | Tryvannsveien 61 | www.ski-guide.no | T-Bahn 1: Voksenkollen) oder weit drinnen in den Osloer Wäldern

in der DNT-Hütte Kikut (Näheres unter www.kikutstua.no).

## GELD & KREDITKARTEN

Mit einer Visacard oder Mastercard können Sie überall bezahlen, mit American Express fast überall. An den Geldautomaten (minibank), die es an fast jeder Straßenecke gibt, bekommen Sie mit

Das Beste in Oslo: ein Platz am Wasser

den international üblichen Kreditkarten sowie mit Ihrer EC-Karte Bargeld. Gebührenfrei Geld tauschen können Sie in den fünf Osloer Filialen der schwedischen Forex-Bank (zwei am Hauptbahnhof sowie Brugata 8, Egertorget und Fridtjof Nansens plass 6 | Öffnungszeiten unter www.forex.no/Om-FOREX/Apningstider). Banken haben vom 15. Mai–15. Aug. nur Mo–Fr 9–14.30 Uhr geöffnet, sonst Mo–Fr 9–15.30, Do bis 17 Uhr.

## GESUNDHEIT

Ärztlicher Notdienst und Krankenwagen werden über Tel. 113 angerufen. Erste Anlaufstelle für Kranke und Verletzte ist die rund um die Uhr geöffnete Oslo Legevakt (Storgata 40 | Tel. 22 93 22 93). Die euro-

## WAS KOSTET WIE VIEL?

| | |
|---|---|
| Taxi | **ab 12 Euro** *für eine Kurzstrecke* |
| Cappuccino | **ab 3 Euro** *für eine Tasse im Café* |
| Souvenir | **ca. 24 Euro** *für einen Holztrinkbecher* |
| Bier | **6–8 Euro** *für 0,5 l vom Fass* |
| Wurst | **3 Euro** *gebrüht oder gebraten* |
| CD | **ca. 19 Euro** *mit norwegischem Jazz* |

## ÖFFENTLICHE VERKEHRSMITTEL

Es gibt in der Hauptstadt ein U-Bahn-Netz *(T-bane)*, sechs Straßenbahnlinien *(trikk)*, ein paar Fährverbindungen zu den Inseln im Oslofjord hinüber und natürlich Buslinien. Einzeltickets – auch für die T-Bahn – werden im Bus oder in der Straßenbahn verkauft (40 NOK) und gelten bis eine Stunde. Deutlich günstiger *(27 NOK)* sind die Tickets in einem Kiosk nahe der Haltestelle oder dort am Schalter. Oslo-Pass-Inhaber benutzen die öffentlichen Verkehrsmittel frei. Unter *www.trafikanten.no* gibt es einen deutschsprachigen Reiseplaner für den Osloer Regionalverkehr.

päische Krankenversicherungskarte EHIC sollten Sie dabeihaben, ein Eigenanteil – je nach Behandlung 130–220 NOK, Röntgen 200 NOK – ist zu entrichten. Die einzige rund um die Uhr geöffnete Apotheke in Oslo liegt am Platz vor dem Hauptbahnhof *(jernbanetorget)*.

## MAUT

Bei der Einfahrt nach Oslo über die Europastraßen wird elektronisch eine Maut von 25 NOK erhoben. Barzahlung ist nicht möglich, Reisende ohne Autopass-Chip an der Frontscheibe bekommen im Normalfall später eine Rechnung zugeschickt. Wer dies umgehen möchte und länger in Norwegen bleibt, kann auch auf der deutschen Seite von *www.autopass.no* mit Kreditkarte ein Konto (z. B. über 300 NOK) eröffnen und dann ungehindert jede Mautstation passieren.

## ÖFFNUNGSZEITEN

Supermärkte sind wochentags 9–21 Uhr, manche sogar bis 23 Uhr geöffnet. Samstags ist 9–16 oder bis 18 Uhr die übliche Öffnungszeit. Die meisten übrigen Geschäfte haben Mo–Fr 9–20, samstags bis 16 Uhr geöffnet.

## ORGANISCHE LEBENSMITTEL

Lebensmittel aus biologisch-dynamischem Anbau, u. a. die international anerkannten Demeter-Produkte, gibt es in den vier Osloer Filialen von *Helios*. Die beste Auswahl bieten die Geschäfte in Grünerløkka *(Storgata 53 A)* **(108 C5)** *(ᴍ K4)* und Smalgangen **(109 D6)** *(ᴍ K4)*. Die Reformhaus-Kette *Life*, die in Oslo rund 20 Filialen betreibt, bietet sehr viele Bio-Produkte an. In besser sortierten Supermärkten werden Sie *Fairtrade-Max-Havelaar*-Produkte (u. a. Kaffee, Obst, Säfte und Weine) finden. Alle ökologisch produzierten Waren in Norwegen tragen das bekannte internationale Warenzeichen *Debio*.

## NOTRUF

Die Feuerwehr wird mit *Tel. 110* gerufen, die Polizei mit *Tel. 112* und ein Krankenwagen mit *Tel. 113*.

## OSLO-PASS

Freier Eintritt zu mehr als 30 Museen und öffentlichen Schwimmbädern, freie Benutzung der öffentlichen Verkehrsmittel und vor allem freies Parken auf gebührenpflichtigen Parkplätzen sind gute Gründe für Besucher, sich einen Oslo-Pass für 1, 2 oder 3 Tage zu besorgen. Weitere Boni: 20–30 Prozent Ermäßigung auf beliebte Stadtrundfahrten, Rabatt bei einigen Autovermietern und in vielen Restaurants. Den Oslo-Pass gibt es in den Touristeninformationen. Er kostet für 3 Tage 420 (Kinder 160 NOK), für 2 Tage 340 (Kinder 120 NOK) und für einen Tag 230 (Kinder 100 NOK).

## PARKEN

Kostenlose Parkplätze gibt es im Stadtzentrum Oslos so gut wie gar nicht. Auf den gekennzeichneten städtischen Plätzen wird Mo–Fr 9–18, Sa 9–15 Uhr eine Gebühr erhoben. Beachten Sie, dass auf vielen Parkplätzen eine Höchstparkdauer von 3 Stunden gilt. Das Limit betrifft auch Inhaber eines Oslo-Pass, die hier kostenlos stehen dürfen. Die vielen Parkhäuser in der Stadt sind zwar recht teuer, aber dafür sicher und unbegrenzt nutzbar. Fast alle Hotels haben eigene Stellplätze für die Fahrzeuge ihrer Gäste.

## POST

Die Postämter sind Mo–Fr 8–17 und Sa 9–15 Uhr geöffnet. Sehr viele Lebensmittelgeschäfte haben aber einen Postschalter *(post i butikk)*. Sie sind mit dem roten Logo der Post *(posten)* gekennzeichnet.

## PREISE

Gute Planung spart in einer der teuersten Hauptstädte der Welt bares Geld. Hotelzimmer werden grundsätzlich mit reichlichem Frühstück angeboten, das das Mittagessen ersetzt. In der Stadtmitte gibt es kaum günstige Supermärkte, also

# BÜCHER & FILME

▶ **Peter und der Prof** – Die Kriminalgeschichten des in Hamburg lebenden Schriftstellers Ingvar Ambjørnsen richten sich vor allem an ein jugendliches Publikum

▶ **Norwegen-Krimis** – Schon längst haben norwegische Krimis auch in deutschsprachigen Ländern viele Anhänger. Der alkoholisierte Kommissar Hole des Krimiautors Jo Nesbø zeigt uns ebenso die knallharten Schattenseiten der norwegischen Hauptstadt wie Anne Holts Kommissarin Hanne Willemsen. Auch in den Krimis der Autorinnen Karin Fossum und Unni Lindell steht Oslo im Zentrum

▶ **Uno** – Der rauen Wirklichkeit Oslos widmet sich der preisgekrönte Film (2004) des jungen norwegischen Regisseurs Aksel Hennie auf eindringliche Weise (DVD mit engl. Untertiteln)

▶ **Hawaii-Oslo** – Erik Poppes Film (2004) um den von Albträumen geplagten Vidar besticht durch wohlkomponierte Bilder in einer Filmerzählung, die sich Zeit lässt (DVD mit engl. Untertiteln)

eher am Stadtrand mit Verpflegung ein-
decken. Das spart den Snack zwischen-
durch und das Getränk in der Kneipe,
beides in Oslo erschreckend teuer.

## STADTRUNDFAHRTEN

Mit 640 NOK zwar ein bisschen teuer,
aber wirklich gehaltvoll ist die *Grand
tour of Oslo* mit Bus und Schiff *(Ende
Mai–Ende Aug. tgl. 10.30–18 Uhr | Ab-
fahrt ab Anleger 3 vor dem Rathaus |
Anmeldung Tel. 23 35 68 90)*. Alle Highlights der Stadt und die wichtigsten Museen werden besucht, Höhepunkt ist die
zweistündige Schifffahrt inklusive eines
Garnelenbüfetts *(im Fahrpreis enthalten)*.
An der Westseite des Rathauses fahren

im Sommer täglich die *Sightseeing-Busse*
von *HMK* ab *(Dauer 2–5 Std. | Abfahrt
10.15 Uhr | 225–365 NOK | Anmeldung
unter www.hmk.no/booking, im Hotel
oder bei den Touristinformationen)*.
Geht immer: die insgesamt 1,5 Std. dau-
ernde *Hop-on-Hop-off-Rundfahrt* mit
einem kleinen Schiff auf dem Oslofjord
*(3 Stopps | tgl. vier Abfahrten, erste 9.45,
letzte 14.15 Uhr, Juli/Aug. bis 19 Uhr| ab
Anleger 3 vor dem Rathaus | NOK 175)*.
Auf die genannten Touren gibt es Rabatt
mit dem Oslo-Pass.

## TAXI

Die drei Taxiunternehmen mit zen-
traler Rufnummer sind *Norgestaxi (Tel.*

# WETTER IN OSLO

| | Jan. | Feb. | März | April | Mai | Juni | Juli | Aug. | Sept. | Okt. | Nov. | Dez. |
|---|---|---|---|---|---|---|---|---|---|---|---|---|
| **Tagestemperaturen in °C** | −2 | −1 | 4 | 10 | 16 | 20 | 22 | 21 | 16 | 9 | 3 | 0 |
| **Nachttemperaturen in °C** | −7 | −7 | −4 | 1 | 6 | 10 | 13 | 12 | 8 | 3 | −1 | −4 |
| **Sonnenschein Stunden/Tag** | 2 | 3 | 4 | 6 | 7 | 8 | 7 | 7 | 5 | 3 | 1 | 1 |
| **Niederschlag Tage/Monat** | 8 | 7 | 5 | 7 | 7 | 10 | 11 | 11 | 10 | 10 | 12 | 10 |
| **Wassertemperaturen in °C** | 3 | 2 | 3 | 5 | 9 | 13 | 16 | 17 | 15 | 11 | 7 | 5 |

0 80 00), Oslo Taxi (Tel. 0 23 23) und *Taxi 2 (Tel. 80 08 29 42)*. Die Fahrzeuge sind mit Taxameter ausgestattet, der Kilometerpreis beträgt rund 35 NOK *(Strecke Stadtmitte–Bygdøy ca. 180 NOK)*. Taxistandplätze sind beschildert. Beachten Sie, dass sich dort an Wochenenden nach 23 Uhr bis in den frühen Morgen lange Warteschlangen bilden.

## TELEFON & HANDY

Auslandsvorwahlen aus Norwegen nach Deutschland *0049*, nach Österreich *0043*, in die Schweiz *0041*. Aus dem Ausland wird nach Norwegen die *0047* vorgewählt. In Norwegen sind alle Telefonnummern (außer Sondernummern) achtstellig, Vorwahlen gibt es nicht; Handynummern beginnen mit 9 oder 4. GSM-Handybesitzer werden in Norwegen problemlos telefonieren können.
Es gibt nur noch wenige Telefonzellen, die Münzen oder Karten (erhältlich an einem Kiosk) annehmen.

## TRINKGELD

Nicht selbstverständlich, doch wenn Essen und Service gut waren, sind bis zu zehn Prozent durchaus üblich.

## VERANSTALTUNGSHINWEISE & VORVERKAUF

Den einzigen deutschsprachigen Veranstaltungskalender gibt es auf der Website *www.visitoslo.com*. In Touristeninformationen und den meisten Hotels liegt das englischsprachige Gratismagazin *What's on Oslo* aus, das alle zwei Monate erscheint. Eintrittskarten können Sie unter *www.billettservice.no* im Voraus kaufen, ansonsten bekommen Sie Veranstaltungstickets nur an der jeweiligen Abendkasse.

## WÄHRUNGSRECHNER

| € | NOK | NOK | € |
|---|-----|-----|---|
| 1 | 7,78 | 1 | 0,13 |
| 2 | 15,56 | 25 | 3,21 |
| 3 | 23,33 | 50 | 6,42 |
| 4 | 31,11 | 150 | 19,27 |
| 5 | 38,89 | 200 | 25,70 |
| 7 | 54,45 | 300 | 38,54 |
| 9 | 70,00 | 400 | 51,39 |
| 75 | 583,37 | 750 | 96,36 |
| 125 | 972,29 | 1200 | 154,18 |

## WLAN

WLAN ist in Oslo nahezu flächendeckend verbreitet. In jedem Hotelfoyer sind Internetzugänge für Besucher eingerichtet, fast jedes Café und jede Bar hat WLAN; Internetcafés gibt es nur wenige. Großer kommerzieller Netpoint ist *Haugen nettkafé* (115 C–D2) (*K4*) am ZOB *(Busterminalen, Schweigaardsgate 6)*. Kostenlos surfen Sie in den Bibliotheken der Stadt.

## ZEITUNGEN

Deutschsprachige Zeitungen gibt es am Hauptbahnhof und an den Kiosken in der Stadtmitte, etwa auf Karl Johan und am Bahnhof *Nationaltheatret*.

## ZOLL

Nach Norwegen dürfen z. B. 2 l Bier, 1 l Spirituosen und 1,5 l Wein sowie 200 Zigaretten und Bargeld im Wert von bis zu 25 000 NOK eingeführt werden. Bei der Rückreise in die EU sind z. B. 200 Zigaretten oder 250 g Tabak erlaubt sowie 1 l Spirituosen und 2 l Wein, außerdem Geschenke bis zu einem Wert von 430 Euro. Für die Schweiz gelten geringere Mengen. Weitere Infos unter *www.zoll.de*

# SPRACHFÜHRER NORWEGISCH

## AUSSPRACHE

In diesem Sprachführer sind alle norwegischen Wörter der Hauptlandessprache *bokmål* mit einer einfachen Aussprache (in eckigen Klammern) versehen.

### AUF EINEN BLICK

| | |
|---|---|
| Ja/Nein/Vielleicht | Ja/Nei/Kanskje [ja/näi/kansche] |
| Bitte | (bittend:) Vær så snill. [wär schoh snill] |
| | (anbietend:) Vær så god. [wär schoh gu] |
| Danke | Takk [tak] |
| Entschuldige/Entschuldigen Sie | Unnskyld. [ünnschüll] |
| Darf ich ...? | Kan jeg ...? [kann jäi] |
| Wie bitte? | Hva sa du? [wa sa dü] |
| Ich möchte .../Haben Sie (noch) ...? | Jeg vil gjerne ... /Har du (noen) ... ? [jäi will jährne/har du (nuen)] |
| Wie viel kostet ...? | Hva koster ... ? [wa koster] |
| Das gefällt mir (nicht). | Det liker jeg (ikke). [de liker jeg (icke)] |
| gut/schlecht | bra/dårlig [bra/dorli] |
| kaputt/funktioniert nicht | ødelagt/fungerer ikke [ödelagt/fungerer icke] |
| zu viel/viel/wenig | for mye/mye/lite [for müe/müe/lihte] |
| alles/nichts | alt/ingenting [alt/ingenting] |
| Hilfe!/Achtung!/Vorsicht! | Hjelp!/Pass på!/Forsiktig! [jälp/pass po/forsikti] |
| Krankenwagen | sykebil [sükebiel] |
| Polizei/Feuerwehr | politi/brannvesen [politi/brannwesen] |
| Verbot/verboten | Forbud/forbudt [forbütt] |
| Gefahr/gefährlich | Fare/farlig [fare/farli] |

### BEGRÜSSUNG UND ABSCHIED

| | |
|---|---|
| Gute(n) Morgen!/Tag!/Abend/Nacht! | God morgen!/God dag!/God kveld!/God natt! [gu morn/gu dag/gu kwäll/gu natt] |
| Hallo! | Hei! [hai] |
| Auf Wiedersehen!/Tschüss! | Ha det! [ha de] |
| Ich heiße ... | Jeg heter ... [jäi hehter] |
| Wie heißen Sie/heißt du? | Hva heter du? [wa hether dü] |
| Ich komme aus ... | Jeg er fra ... [jäi er fra] |

# Snakker du norsk?

**„Sprichst du Norwegisch?" Dieser Sprachführer hilft Ihnen, die wichtigsten Wörter und Sätze auf Norwegisch zu sagen**

## DATUMS- UND ZEITANGABEN

| | |
|---|---|
| Montag/Dienstag | mandag/tirsdag [mandag/tirsdag] |
| Mittwoch/Donnerstag | onsdag/torsdag [unsdag/tursdag] |
| Freitag/Samstag | fredag/lørdag [frehdag/lördag] |
| Sonntag/Werktag | søndag/ukedag [sönndag/ükedag] |
| Feiertag | helligdag [hellidag] |
| heute/morgen/gestern | i dag/i morgen/i går [i dag/i morn/i gohr] |
| Stunde/Minute | time/minutt [tihme/minütt] |
| Tag/Nacht/Woche | dag/natt/uke [dag/natt/üke] |
| Monat/Jahr | måned/år [moned/orr] |
| Wie viel Uhr ist es? | Hva er klokken? [wa ähr klocken?] |
| Es ist drei Uhr/halb vier. | Klokken er tre./Klokken er halv fire. [klocken ähr tre/klocken ähr hall fiere] |

## UNTERWEGS

| | |
|---|---|
| offen/geschlossen | åpent/stengt [ohpent/stängt] |
| Eingang/Einfahrt | inngang/innkjørsel [ingang/inkjörsel] |
| Ausgang/Ausfahrt | utgang/utkjørsel [ütgang/ütkjörsel] |
| Abfahrt, Abflug/Ankunft | avgang/ankomst [awgang/ankommst] |
| Toiletten | toaletter [toaletter] |
| Wo ist ...?/Wo sind ...? | Hvor er ...? [wur är] |
| links/rechts | venstre/høyre [wänstre/höire] |
| geradeaus/zurück | rett fram/tilbake [rett fram/tillbake] |
| nah/weit | nært/langt (unna) [närt/langt (ünna)] |
| Bus/Straßenbahn | buss/trikk [büss/trick] |
| U-Bahn/Taxi | T-bane/drosje [te-bahne/drosche] |
| Haltestelle/Taxistand | stoppested/drosjeholdeplass [stoppested/droscheholleplass] |
| Parkplatz/Parkhaus | parkeringsplass/parkeringshus [parkäringsplass/parkäringshüss] |
| Stadtplan/(Land-)Karte | bykart/kart [bükart/kart] |
| Bahnhof/Hafen/Flughafen | jernbanestasjon/havn/flyplass [järnbahnestaschon/hawn/flüplass] |
| Fahrschein/Zuschlag | billett/påslag [bielett/poschlag] |
| einfach/hin und zurück | enkel/tur-retur [änkel/tür-retür] |
| Zug/Gleis/Fahrplan | tog/spor/rute [tog/spur/rüte] |
| Ich möchte ... mieten. | Jeg vil gjerne leie ... [jäi will järne leie] |
| ein Auto/Fahrrad/Boot | en bil/sykkel/båt [en biel/sükkel/boht] |
| Tankstelle | bensinstasjon [bänsinstaschion] |
| Panne/Werkstatt | skade/verksted [panne/wärksted] |

## ESSEN & TRINKEN

| | |
|---|---|
| Reservieren Sie uns bitte für heute Abend einen Tisch für vier Personen. | Vi vil gjerne bestille et bord for fire personer til i kveld. [wi will järne bestille ät bur for fire persuner till i kväll] |
| Die Speisekarte, bitte. | Kan jeg få menyen? [kann jäi fo menüen] |
| Könnte ich bitte … haben? | Kunne jeg få …? [künne jäi fo] |
| Salz/Pfeffer/Zucker | salt/pepper/sukker [salt/päpper/sucker] |
| Essig/Öl | eddik/olje [äddick/ulje] |
| Milch/Sahne/Zitrone | melk/fløte/sitron [mälk/flöte/sitrun] |
| mit/ohne Eis | med/uten is [meh/üten ihs] |
| Vegetarier(in)/Allergie | vegetarianer/allergi [wegetarianer/allergi] |
| Ich möchte zahlen, bitte. | Jeg vil gjerne betale. [jäi will järne betale] |

## EINKAUFEN

| | |
|---|---|
| Ich möchte …/Ich suche … | Jeg vil gjerne … /Jeg leter etter … [jäi will järne/jäi leter ätter] |
| Apotheke/Drogerie | apotek/parfymeri [apothek/parfümeri] |
| Bäckerei/Markt | bakeri/torget [bakeri/torg] |
| Einkaufszentrum/Kaufhaus/Supermarkt | handlesenter/varehus/supermarked [handlesänter/warehüs/süpermarked] |
| mehr/weniger | mer/mindre [mähr/mindre] |
| aus biologischem Anbau | biologisk dyrket [biulogisk dürket] |

## ÜBERNACHTEN

| | |
|---|---|
| Ich habe ein Zimmer reserviert. | Jeg har bestilt et rom. [jäi har bestilt ett ruhm] |
| Einzelzimmer | enkeltrom [enkeltruhm] |
| Doppelzimmer | dobbeltrom [dobbeltruhm] |
| Frühstück/Halbpension/Vollpension | frokost/halvpensjon/fullpension [frukost/hallpanschion/füllpanschion] |
| nach vorne/zum Meer | mot framsiden/mot sjøen [mut frammsiden/mut schöen] |
| zum See | mot innsjøen [mut innschöen] |
| Schlüssel/Zimmerkarte | nøkkel/nøkkelkort [nöckel/nöckelkurt] |
| Gepäck/Koffer/Tasche | bagasje/koffert/veske/bag [bagasche/kuffert/wäske/bäg] |

## BANKEN UND GELD

| | |
|---|---|
| Bank/Geldautomat | bank/minibank [bank/minibank] |
| Geheimzahl | bankkode [bankkude] |
| Ich möchte … Euro wechseln. | Jeg vil gjerne veksle … Euro. [jäi will järne weksle … äuro] |

| | |
|---|---|
| bar/ec-Karte/Kreditkarte | kontant/bankkort/kredittkort [kontant/bankkurt/kreditkurt] |
| Banknote/Münze | seddel/mynt [säddel/münt] |

## GESUNDHEIT

| | |
|---|---|
| Arzt/Zahnarzt/Kinderarzt | lege/tannlege/barnelege [läge/tannläge/barneläge] |
| Krankenhaus/Notfallpraxis | sykehus/legevakt [sükehüs/lägewakt] |
| Fieber/Schmerzen | feber/smerter [feber/smärter] |
| Durchfall/Übelkeit | diaré/kvalme [diareh/kwalme] |
| Schmerzmittel/Tablette | smertestillende/tablett [smärtestillende/tablett] |

## TELEKOMMUNIKATION & MEDIEN

| | |
|---|---|
| Briefmarke/Postkarte | frimerke/postkort [frimärke/postkort] |
| Ich brauche eine Telefonkarte fürs Festnetz/eine Prepaidkarte für mein Handy. | Jeg trenger et telefonkort/kontantkort. [jäi tränger ett telefonkort/kontantkort] |
| Wo finde ich einen Internetzugang? | Hvor er nærmeste internettilgang? [wur er närmeste internetttilgang] |
| Brauche ich eine spezielle Vorwahl? | Må jeg slå et spesielt nummer först? [mo jäi schlo ett spesielt nummer först] |
| wählen/Verbindung/besetzt | slå et nummer/linje/opptatt [schlo ett nummer/linje/upptatt] |
| Internetanschluss/WLAN | internettilkobling [internett-tilkoblin] |

## FREIZEIT, SPORT UND STRAND

| | |
|---|---|
| (Schutz-)Hütte/Lawine | hytte/ras [hütte/ras] |
| Seilbahn/Sessellift | taubane/stolheis [taubahne/stuhlheis] |
| Ebbe/Flut/Strömung | fjære/flo/strøm [fjähre/flu/ström] |
| Strand/Strandbad | strand/sjøbad [stran/schöbad] |

## ZAHLEN

| | | | | |
|---|---|---|---|---|
| 0 | null [nüll] | | 10 | ti [tie] |
| 1 | en [ehn] | | 11 | elleve [ellwe] |
| 2 | to [tu] | | 12 | tolv [toll] |
| 3 | tre [tre] | | 20 | tjue/tyve [chüe/tühwe] |
| 4 | fire [fiehre] | | 100 | hundre [hündre] |
| 5 | fem [fähm] | | 200 | tohundre [tuhündre] |
| 6 | seks [seks] | | 1000 | ettusen [ettüsen] |
| 7 | sju/syv [schü/süw] | | 2000 | totusen [tutüsen] |
| 8 | åtte [otte] | | 1/2 | en halv [ehn hall] |
| 9 | ni [nie] | | 1/4 | en kvart [ehn kvart] |

# CITYATLAS

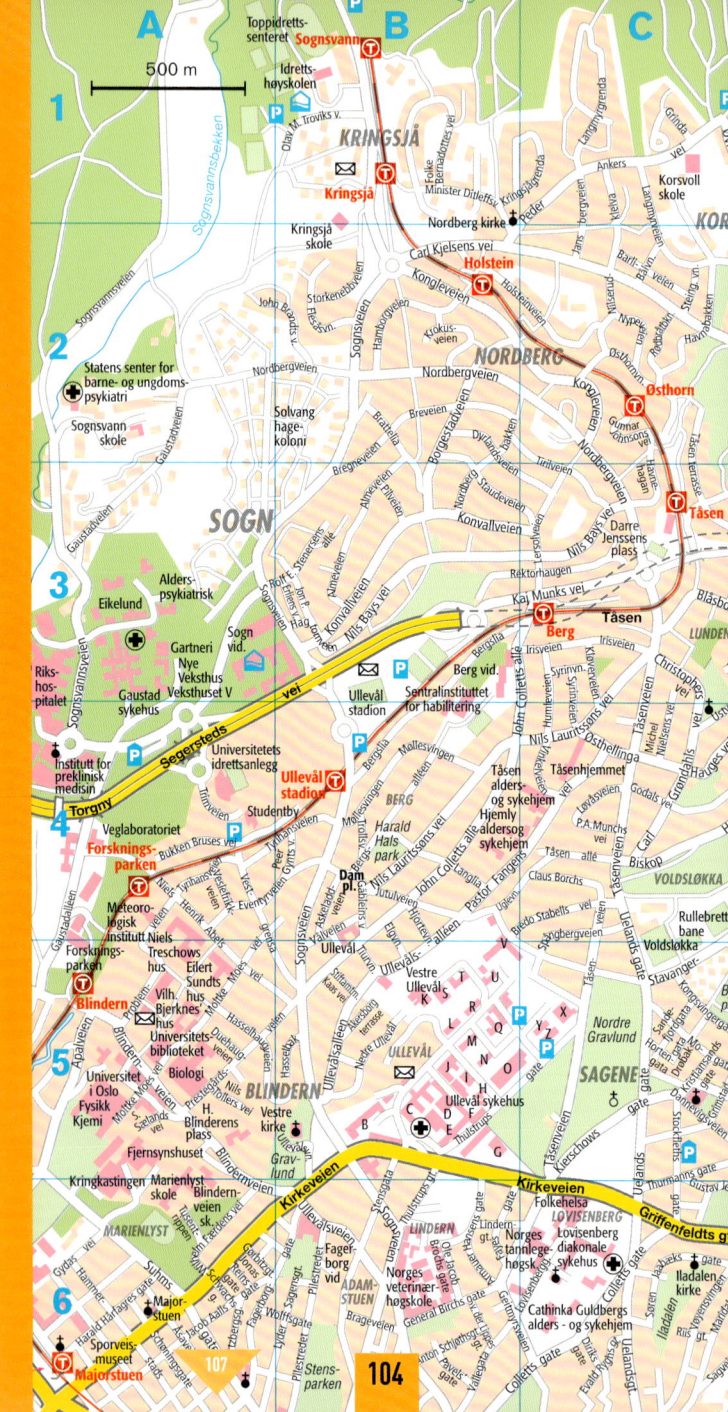

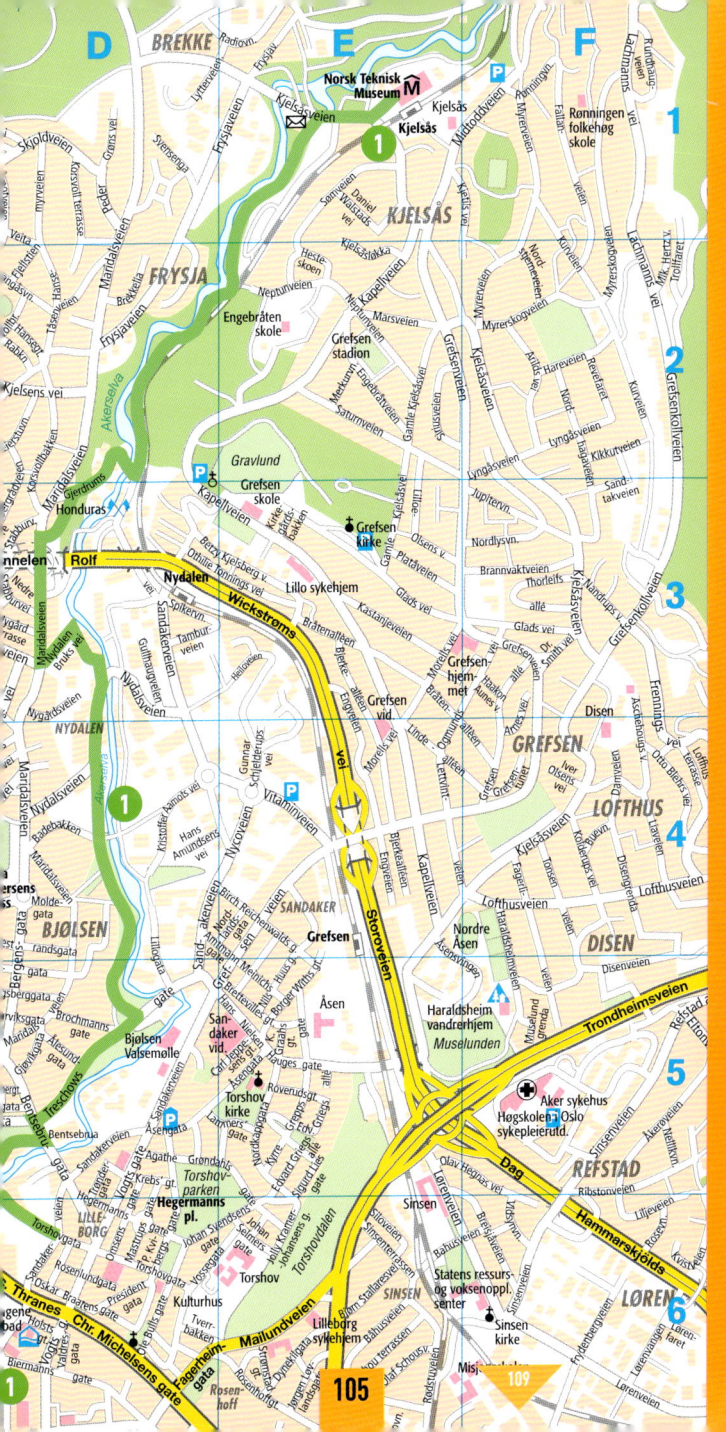

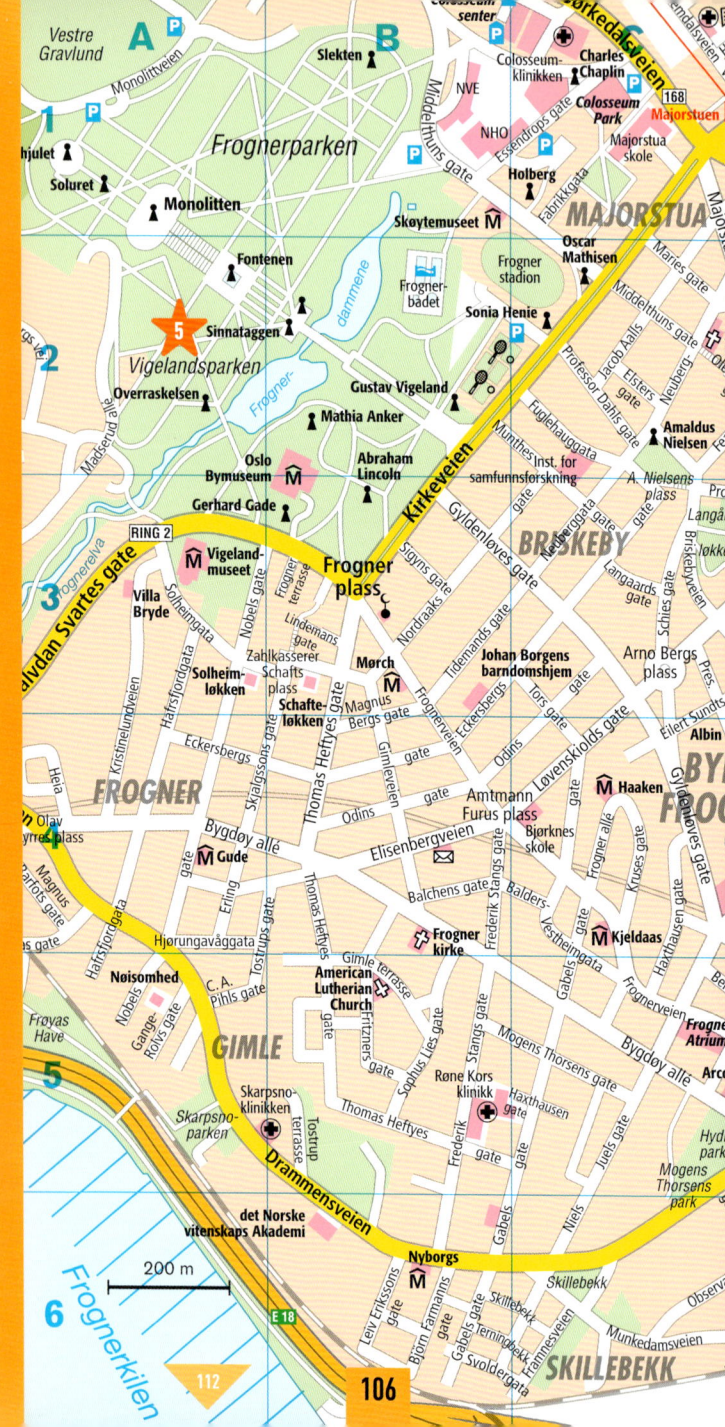

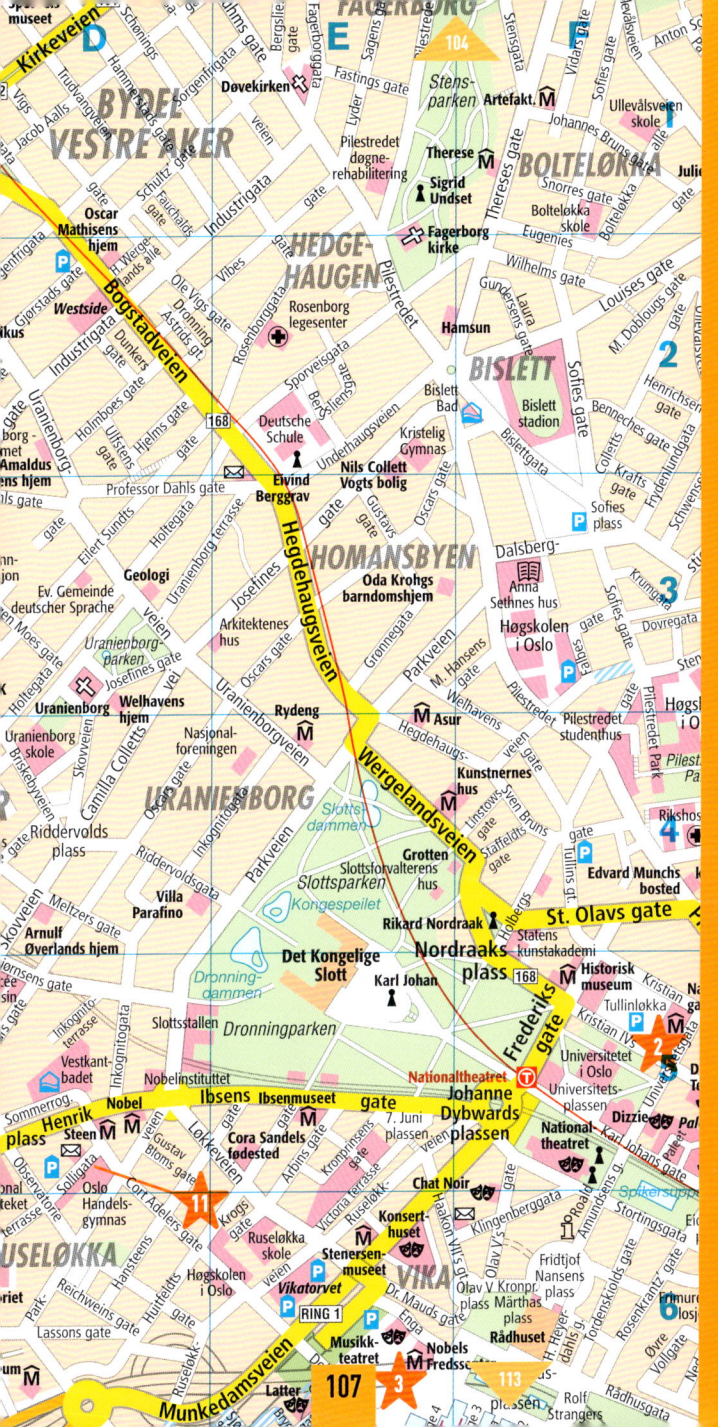

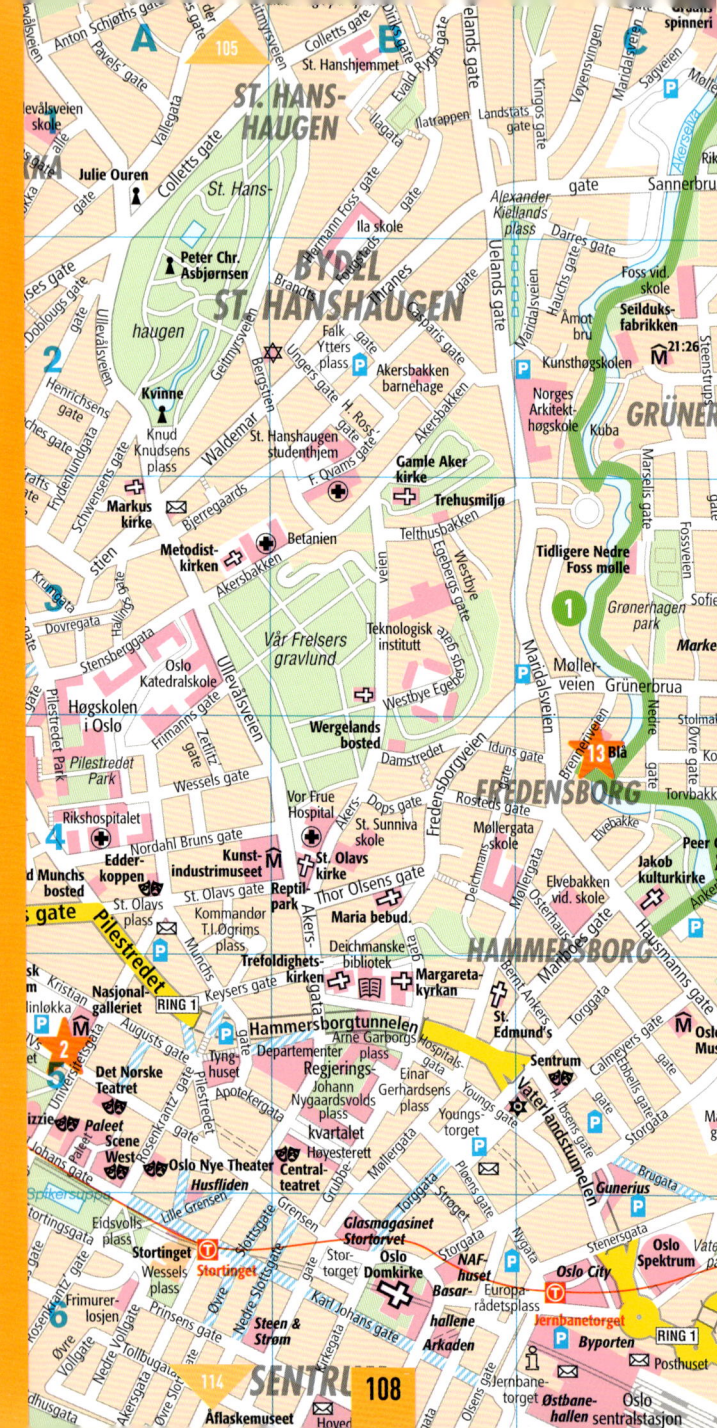

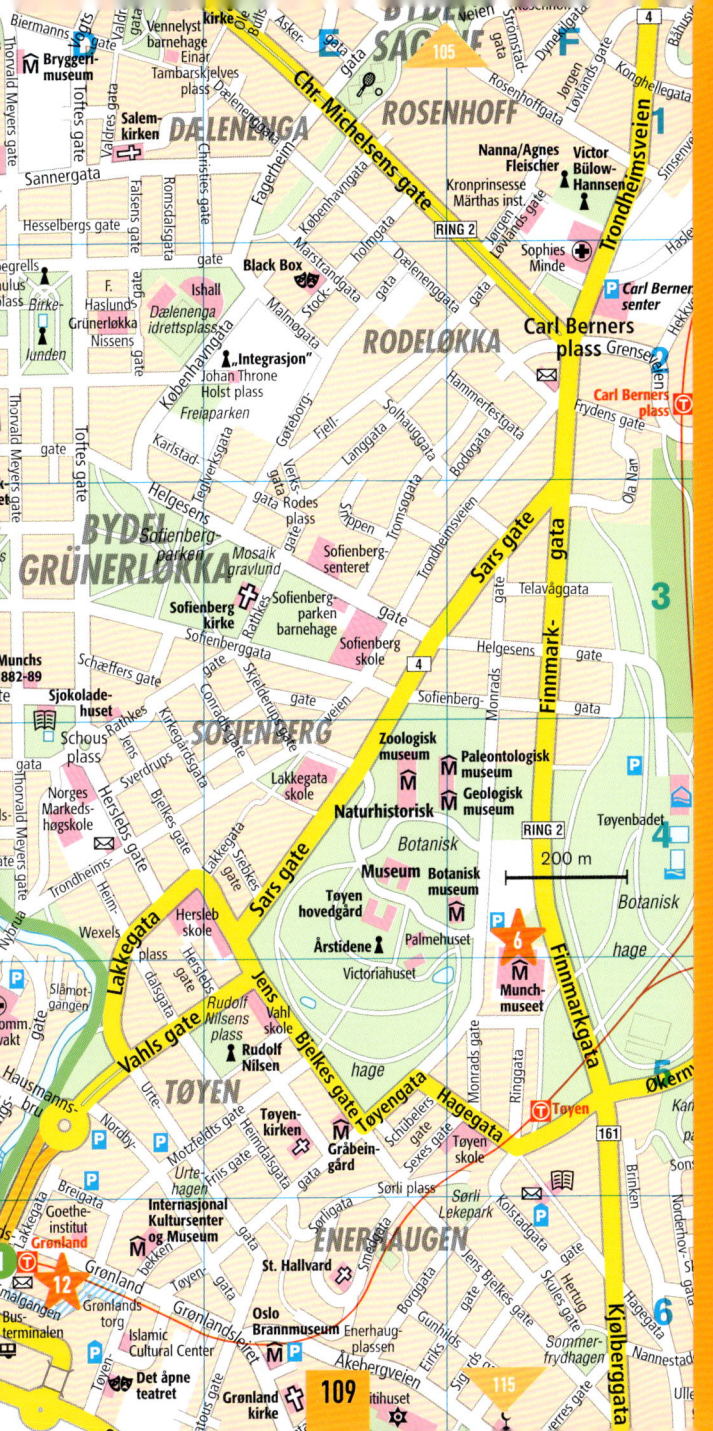

A
B
C

1

Hengsenvelen

Bygdøy
kongsgård

Christian Frederiks vei

Bygdøyveien

2

Kaffeskjær

Holsts vei

*Bygdøy*

Strømsborgveien

3

Christian Frederiks vei

Holsts vei

Bygdøy

Frølichs vei

BYGDØY

Bygdøy terrasse

Lovisenlund

Jacob Fayes vei

Conrad Hensens vei

Bygdøy terrasse

4

Rideveien

Dorthes vei

Strømsborgveien

Lundens vei

**Christian
August**

Christian Frederiks vei

Frederiksb

*Paradisbukta*

Graan-
bakken

Grindeveien

5

Strømsborgveien

Huk grenda

Villa Grande

**Holocaust-
senteret**

P.
Dammanns
vei

Schiøtts
vei

200 m

**Naturreservat
Hukodden**

6

**Henry Moore**

*Hukodden*

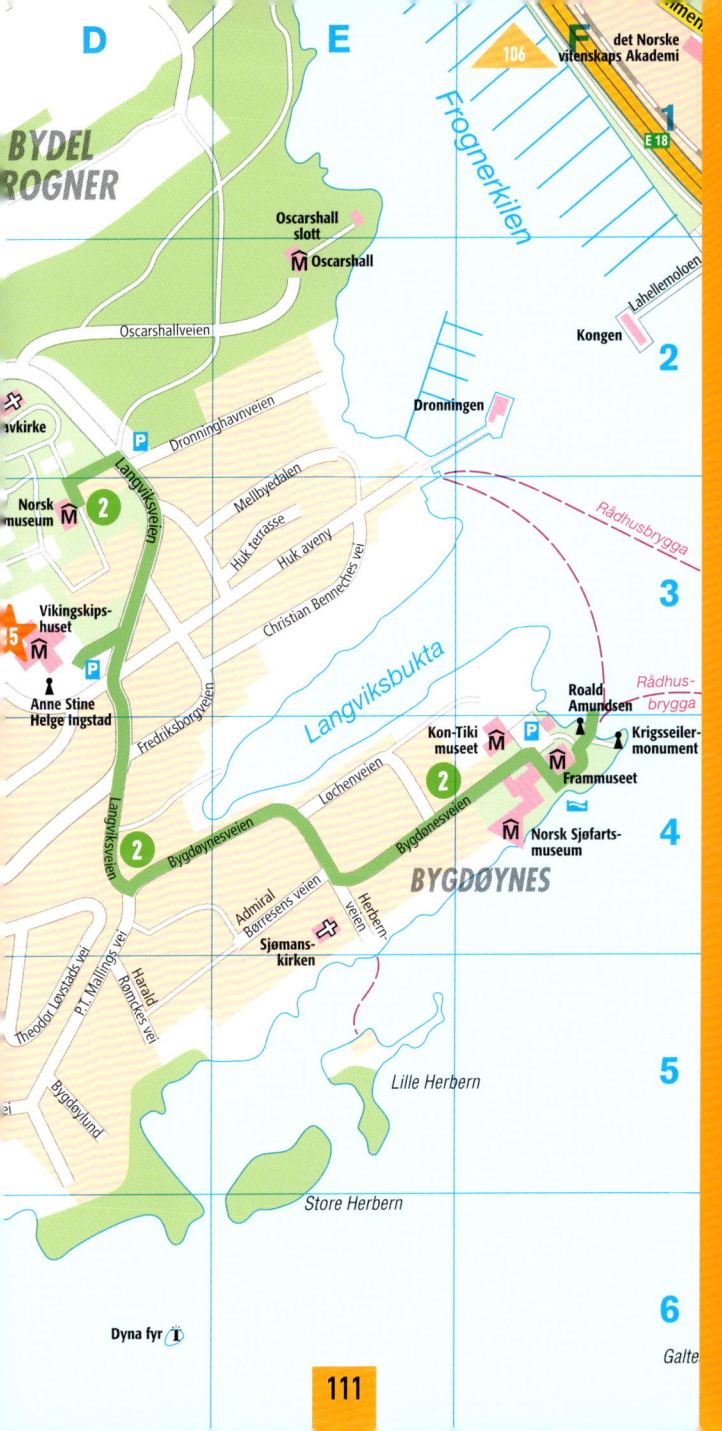

**D**   **E**   **F**

det Norske
vitenskaps Akademi

106

E 18

1

**BYDEL
FROGNER**

Frognerkilen

Oscarshall
slott

Ⓜ Oscarshall

Lahellemoloen

**Kongen**

2

Oscarshallveien

Dronninghavnveien

**Dronningen**

✠
...avkirke

P

Langviksveien

Mellbyedalen

Rådhusbrygga

Norsk
...museum

Ⓜ 2

Huk terrasse

Huk aveny

Christian Benneches vei

3

Vikingskips-
huset

Ⓜ

P

Fredriksborgveien

Langviksbukta

Rådhus-
brygga

👤 Anne Stine
Helge Ingstad

Roald
Amundsen

Kon-Tiki
museet

P

Krigsseiler-
monument

Ⓜ
**Frammuseet**

Langviksveien

2

Bygdøynesveien

Løchenveien

Bygdønesveien

Ⓜ Norsk Sjøfarts-
museum

4

2

**BYGDØYNES**

Admiral
Børresens veien

Herbern-
veien

✠
Sjømans-
kirken

Theodor Lovstads vei

P.T. Mallings vei

Harald
Rømckes vei

Bygdøylund

Lille Herbern

5

Store Herbern

Dyna fyr ⓘ

6

Galte...

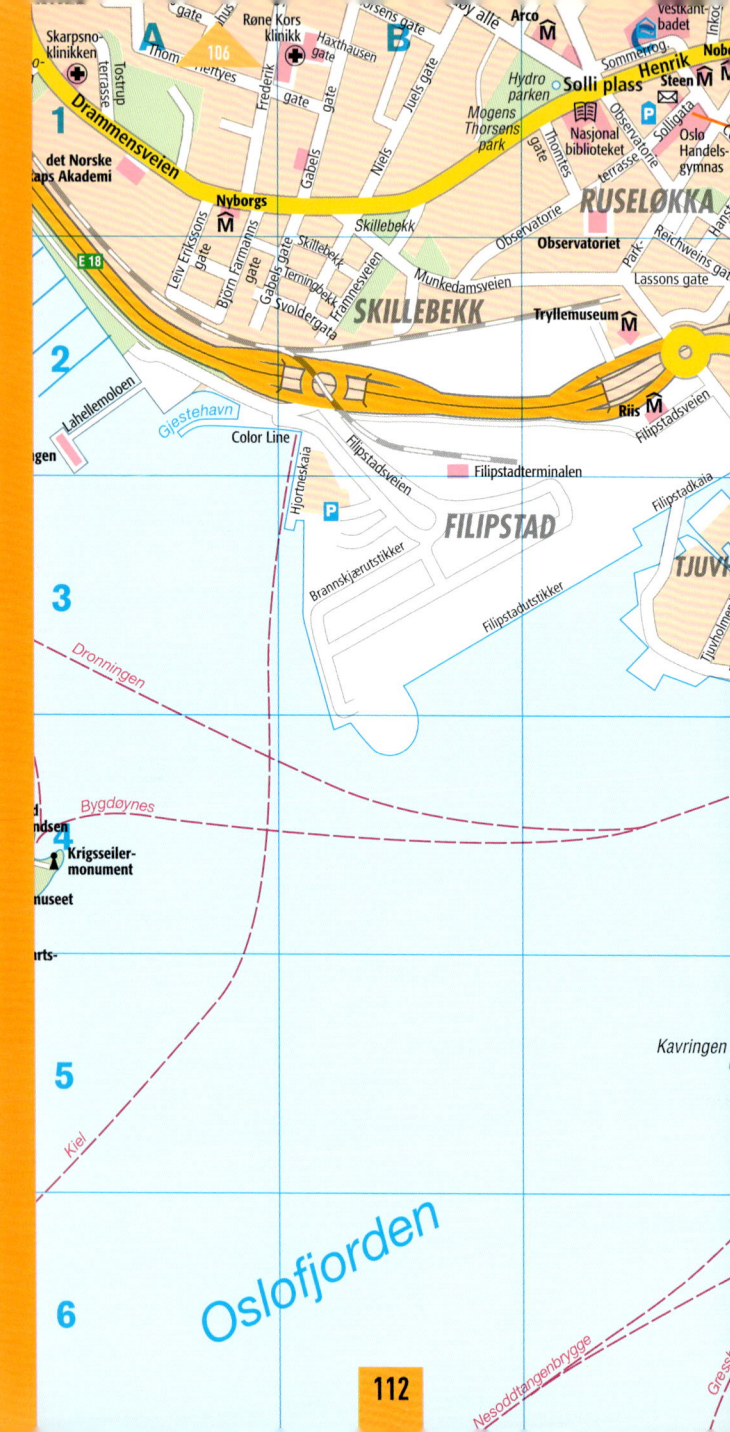

Skarpsno-
klinikken

Røne Kors
klinikk

Haxthausen
gate

Arco

vestkant-
badet

Sommerrog.

Henrik

Nobe

Steen

A
Thom
hettyes

106

Frederik

gate

Juels gate

Hydro
parken

Solli plass

Inko

Tostrup
terrasse

Drammensveien

gate

Gabels

gate

Niels

Mogens
Thorsens
park

Nasjonal
biblioteket

Observatorie

Solligata

Oslo
Handels-
gymnas

det Norske
aps Akademi

Nyborgs

Leiv Erikssons

Bjørn Farmanns

Skillebekk

Gabels gate

Skillebekk

Thomas

gate

terrasse

RUSELØKKA

E 18

gate

gate

Temingbekk

Skillebekk

Munkedamsveien

Observatorie

Observatoriet

Reichweins gat

Hans

Farmanns
veien

Lassons gate

Gabels gate

Svoldergata

SKILLEBEKK

Tryllemuseum

Lahellemoloen

Gjestehavn

Color Line

Hjortneskaia

Filipstadsveien

Filipstadterminalen

Riis

Filipstadsveien

Filipstadkaia

FILIPSTAD

TJUVI

Brannkjærutstikker

Filipstadutstikker

Tjuvholmen

Dronningen

Bygdøynes

Krigsseiler-
monument

useet

rts-

Kavringen

Kjel

Oslofjorden

Nesoddtangenbrygge

Gressh

Nationaltheatret
i Oslo

**Det Norske**
**Te...huset**

Apotekergata

bsen...uttet    Ibsenmuseet **gate**    **Johanne**
                                  **Dybwards**
       7. Juni                    **plassen**
       plassen   veien
Cora Sandels                      **National-**     **Dizzie**    **Paleet**
fodested                          **theatret**                    **Scene**
                                  Karl Johans gate               **West**
        Kronprinsens gate                                        **Oslo Nye Theater**

**Chat Noir**                                                    **Husfliden**
Victoria terrasse                 Klingenberggata
**Konsert-**                                                     Lille Grensen
**huset**                         Fridtjof           **Eidsvolls**
                                  Nansens           **plass**
**Stenersen-**                    plass                          **Stortinget**
**museet**         Olav V...                        Wessels      **Stortinget**
**VIKA**           Kr...pr...                       plass
**Vikatorvet**     plass  Märthas                   **Frimurer-**
                          plass                     **losjen**                 **Steen &**
RING 1             Dr. Mauds gate                                               **Strøm**
**Musikk-**                       **Rådhuset**       Øvre
redamsveien        **teatret**    **Nobels**         Vollgate               **SEN**
**Latter**         **Fredssenter**                                           **2**
                                  **Rådhus-**                               **Aflaskemuseet**
                                  **plassen**        Rådhusgata              **(Mini Bottle**
                                             Rolf                            **Gallery)**
**1**                                        Strangers                   **Sta**
                                             plass    Kontraskj ret        **gaa**
                   Rådhusbrygge              **Christiania**  Christiania
                                             **bymodell**    torv
                                                            **Teatermuseet**
**AKER**                          **Skarpenorts**          Gamle        **Arkitekturmuseet**
**BRYGGE**                        kruttåm          Raadhus
                   **Pipervika**                            Mynt   **Museet for**
                                                                   **samtidskunst**
           Havnepolitiet          **Hjemme-**                      **Fengsels-**
                                  **front museet**                 **museet**    Revierstredet
           Akershus-                                               **Grev Wedels**
           utstikker                                               **plass**   Glacisgata
**4**      **Akershus**           **Knutstårnet**          **Fengsels-**        **Militær-**
           **festning**           **Akershus**            **kirken**           **hospital**
           Oslo Cruise Terminal   **slott**               Gamle
                                                          Logen
                                             **Nasjonal-**
                                             **monumentet**
                                  **Munke-**   Festnings-          **Arsenalet**
                                  **tårnet**   plassen
                                  **Otto Ruge**                    **Forsvars-**     **4**
                                                                   **museet**

                   200 m

                                             **Fiskehallen**                         **5**

           **Lavettbygningen**

                   **Hovedøya**                                                       **6**

           **Ruin av**
           **cistercienserkloster**

                   113

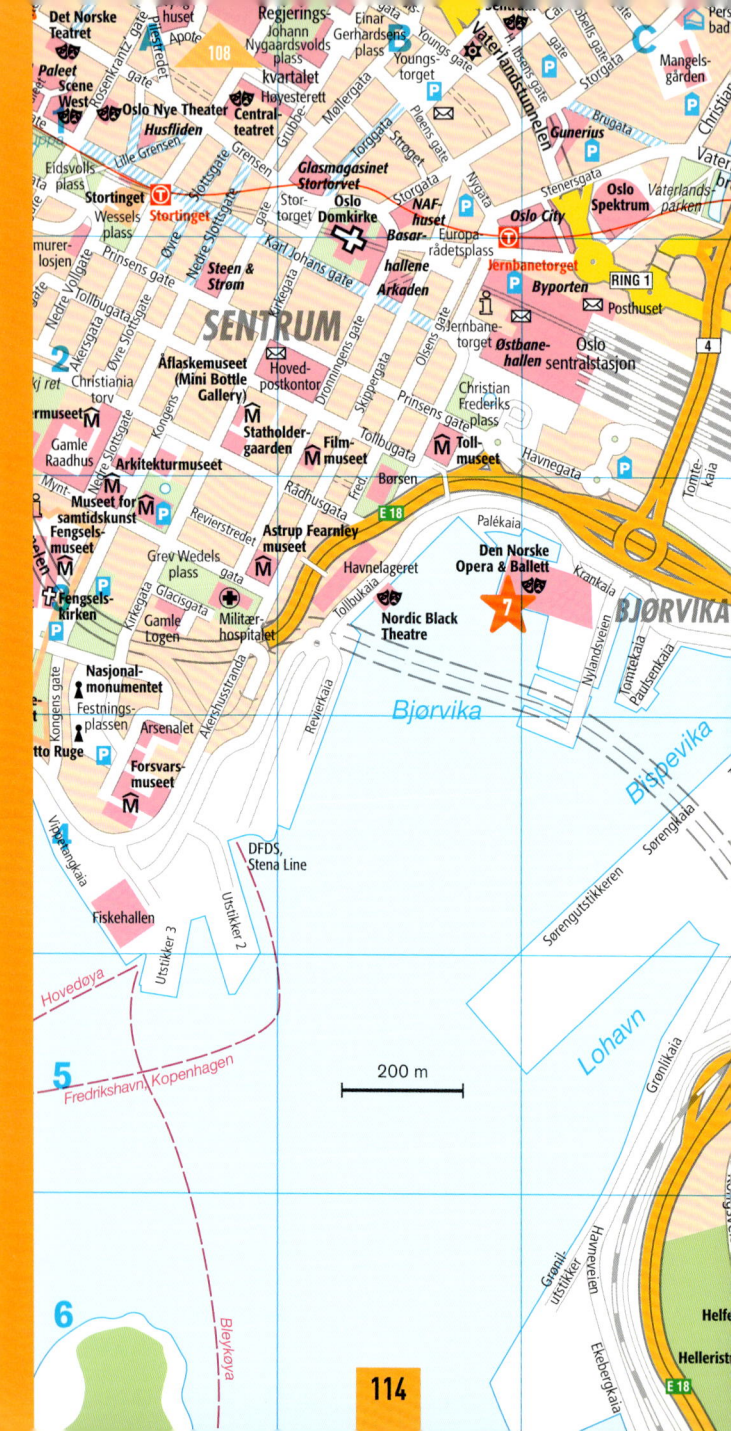

Det Norske
Teatret                                    Regjerings-        Einar
                          108              Johann Gerhardsens
Paleet                                     Nygaardsvolds   plass
Scene                         Apote-       plass
West                                       kvartalet        Youngstorget
                    Oslo Nye Theater  Høyesterett
         Husfliden       Central-
                         teatret                         Stenersgata
Eidsvolls                                  Glasmagasinet              Oslo
ta plass                      Stortorvet                              Spektrum    Vaterlands-
         Stortinget     Stor-   Oslo                 NAF-                          parken
         Wessels        torget  Domkirke    Storgata huset    Oslo City
murer-   plass  Stortinget                                    Byporten
losjen                                      Basar-  Europa-
         Nedre Vollgata          Karl Johans gate  hallene  rådetsplass          Posthuset
                   Steen &                   Arkaden      Jernbane-   Oslo
                   Strøm                                   torget  sentralstasjon   RING 1
    SENTRUM                                          Christian         Østbane-
                                            Hoved-   Frederiks   hallen
          Aflaskemuseet                     postkontor plass              4
    2     (Mini Bottle
          Gallery)        Statholder-
                          gaarden  Film-   Prinsens gate
    rmuseet      Gamle    Arkitekturmuseet   museet         Toll-   Havnegata
          Raadhus                                   Børsen  museet
          Museet for                  Rådhusgata  E 18             Palékaia
          samtidskunst   Grev Wedels     Astrup Fearnley
          Fengsels-      plass           museet      Havnelageret     Den Norske
          museet                                                      Opera & Ballett
          Fengsels-        Gamle  Militær-   Nordic Black           7      BJØRVIKA
          kirken           Logen  hospitalet   Theatre
          Nasjonal-
          monumentet                                 Bjørvika
          Festnings-
    4     plassen  Arsenalet
    tto Ruge
          Forsvars-
          museet                    DFDS,                                        Bispevika
                                    Stena Line
          Fiskehallen
                                                         200 m                   Lohavn
    5     Fredrikshavn Kopenhagen

**A**

**B**

**C**

500 m

Ringeriksflaka
▲ 460 m

Tryvannstua

Tryvann

Skomakertjern

Vestkleiva

Tryvannskleiva

Wyllerløypa

Hyttlibakken

Tårnbakken

Bonrveien

BUL-hytta

Tryvannstårnet
Tryvannshøgda
529 m

Rødkleiva

Strømsdammen

Rødkleivfaret

1 Holmenkollbanen

Lillevann

Lillevann

Voksen-
kollen

Tryvannsveien

Schrøderbakken

Tommkleiva

Øvresetertjern

Øvreseter-

Voksenkollveien

Frognerseteren

Frognersetere

veien

VOKSENSKOG

Lillevannsveien

Arnulf Øverlands vei

Skogen

Voksenkollveien

Voksenåsen
500 m ▲

Thorleif Haugs vei

Ullveien

Holmenkollveien

Seterbakke

HOLMENKOLLÅSEN

Jerpefaret

Gmobakken

Orreveien

Gjøkbakken

Orrebakken

Asbjørnsen

Thorleif Haugs vei

Voksenkollveien

Styggedalen

3

VOKSENLIA

Hospits-

Voksenlia

Olaf Bulls vei

Svarttrostveien

Maltrostveien

Nils Collett Vogts

Asbjørg Vaas veg

Wildenveybakken

Røslyng-Skaret

veien

Harestien

Trosterfaret

Voksenliveien

Skimuseet

Kongeveien

Holmenkollen
kapell

Bogstad
camping

Lillevannsveien

Nye Holmen-
kollen Fyr

Holmenkoll-
bakken

Besserud-
tjernet

"Gamle Midtbakken"

Holmenkollveien

Midtstubakke

Ankerveien

Peder Ankers
plass

Oberst Angells vei

Taxi

Hol-

**14**

**9**

**♦ Troll**

Midtstugrenda

Midtstuer

VOKSEN

Olaf Alkrusts

Rughs vei

Måltrost-

Setra vei

Holmenkollen

**3**

Dr. Holms vei

Besserud

Ankerveien

Voksen kirke ✚

Sørkedals

Ankerveien

veien

Holme-

Ankerveien

Kragsterrasse

Dagaliveien

**116**

# Das Register enthält eine Auswahl der im Cityatlas dargestellten Straßen und Plätze

# KARTENLEGENDE

| | |
|---|---|
| M̂ | Museum |
| | Stage / Bühne |
| | Information |
| ✝♦♂ | Church, chapel / Kirche, Kapelle |
| ✡ | Synagogue / Synagoge |
| ☾ | Mosque / Moschee |
| ✚ | Hospital / Krankenhaus |
| ✹ | Police / Polizei |
| ✉ | Post |
| | Library / Bibliothek |
| ♟ | Monument / Denkmal |
| ∴ | Ruin / Ruine |
| | Lighthouse / Leuchtturm |
| | Tenniscourt / Tennisplatz |
| | Beach / Strand |
| | Viewpoint / Aussichtspunkt |
| | Zoo |
| | Camping / Campingplatz |
| P P | Parking / Parkplatz, Parkhaus |
| ▲ | Youth Hostel / Jugendherberge |
| | Indoor swimming pool, swimming pool / Hallenbad, Freibad |
| –Ⓣ– | Metro with station / U-Bahnlinie mit Station |
| ▢ | Remarkable building / Bemerkenswertes Gebäude |
| ▢ | Public building / Öffentliches Gebäude |
| ▢ | Green / Grünfläche |
| ▢ | Uncovered area / Unbebaute Fläche |
| ▨ | Pedestrian zone / Fußgängerzone |
| ▬ | Walking tours / Stadtspaziergänge |
| ★1 | Marco Polo Highlights |

# ALLE **MARCO POLO** REISEFÜHRER

# REGISTER

In diesem Register sind alle im Reiseführer erwähnten Sehenswürdigkeiten, Museen und Ausflugsziele sowie einige wichtige Persönlichkeiten aufgeführt. Gefettete Seitenzahlen verweisen auf den Haupteintrag.

## SCHREIBEN SIE UNS!

**SMS-Hotline: 0163 6 39 50 20**

**E-Mail: info@marcopolo.de**

Egal, was Ihnen Tolles im Urlaub begegnet oder Ihnen auf der Seele brennt, lassen Sie es uns wissen! Ob Lob, Kritik oder Ihr ganz persönlicher Tipp – die MARCO POLO Redaktion freut sich auf Ihre Infos.

Wir setzen alles dran, Ihnen möglichst aktuelle Informationen mit auf die Reise zu geben. Dennoch schleichen sich manchmal Fehler ein – trotz gründ-

licher Recherche unserer Autoren/innen. Sie haben sicherlich Verständnis, dass der Verlag dafür keine Haftung übernehmen kann. Kontaktieren Sie uns per SMS, E-Mail oder Post!

MARCO POLO Redaktion
MAIRDUMONT
Postfach 31 51
73751 Ostfildern

**IMPRESSUM**

Titelbild: Bryggen Marina, Wikingerboot, Getty Images/Photographer's Choice: Grandadam

Fotos: 0047: Espen Røyseland (16 o.); Café Laundromat: Recep Gursoy (17 u.); R. Freyer (2 o., 2 M. u., 3 M., 4, 9, 12/13, 21, 26/27, 34, 44, 45, 52, 55, 60, 64/65, 66/67, 72, 75, 78/79, 82, 85, 86/87, 90 o.); www.frisbee.no (16 u.); Getty Images/Photographer's Choice: Grandadam (1 o.); Huber: Mezzanotte (3 o., 24 r., 30, 58/59); Schmid (7); T. Hug (1 M., 76); R. Irek (18/19, 69, 86, 87, 93, 102/103); J.-U. Kumpch (1 u.); Laif: Fechner (24 l.), hemis.fr (5), Modrow (38); Steinhilber (2 u., 8, 50/51, 56 r.); Teichmann (84/85); Look: Greune (25); mauritius images: Harding (Klappe r.), Loken (2 M. o., 6), Opitz (10/11); mauritius images/imagebroker: Bahnmueller (36), Knol (48/49); Moods Of Norway: Eirik Knudsen/Cockpit Studio (16 M.); D. Renckhoff (Klappe l., 3 u., 15, 32, 41, 42, 46, 56 l., 63, 70/71, 81, 84, 90 u., 91); Fredrik Ringe (17 o.); Visum: Hendel (23)

### 2. Auflage 2013
**Komplett überarbeitet und neu gestaltet**

© MAIRDUMONT GmbH & Co. KG, Ostfildern

Chefredaktion: Michaela Lienemann (Konzept, Chefin vom Dienst), Marion Zorn (Konzept, Textchefin)
Autoren: Thomas Hug, Jens-Uwe Kumpch, Redaktion: Christina Sothmann
Verlagsredaktion: Anita Dahlinger, Ann-Katrin Kutzner, Nikolai Michaelis
Bildredaktion: Gabriele Forst, Barbara Mehrl
Im Trend: wunder media, München;
Kartografie Reiseatlas: DuMont Reisekartographie, Fürstenfeldbruck; © MAIRDUMONT, Ostfildern
Kartografie Faltkarte: DuMont Reisekartographie, Fürstenfeldbruck; © MAIRDUMONT, Ostfildern
Innengestaltung: milchhof: atelier, Berlin; Titel, S. 1, Titel Faltkarte: factor product münchen
Sprachführer: in Zusammenarbeit mit Ernst Klett Sprachen GmbH, Stuttgart, Redaktion PONS Wörterbücher

# BLOSS NICHT 👆

## Ein paar Dinge, die Sie in Oslo beachten sollten

### TRINKEN UND FAHREN

Sind Sie mit dem Wagen auf Oslos Straßen unterwegs, lassen Sie ihn bitte selbst nach der kleinsten Menge Alkohol stehen. Die Blutalkoholgrenze liegt in Norwegen bei 0,2 Promille, die Polizei ist unerbittlich, die Geldbußen sind gigantisch. Bei dem kleinsten Vorfall drohen Ihnen sogar Gefängnisstrafen.

### SICH AUF DIE NSB VERLASSEN

Sollten Sie mit dem Zug unterwegs sein und einen wichtigen Termin haben oder etwa einen Flug erreichen wollen: Verlassen Sie sich keinesfalls auf die staatliche norwegische Eisenbahngesellschaft NSB. Ihre Züge sind notorisch unpünktlich, und in regelmäßigen Abständen steht der gesamte Zugverkehr in und um Oslo still.

### IN TAXIWARTESCHLANGEN DISKUTIEREN

An Freitagen und Samstagen nach der Polizeistunde, die um 3.30 Uhr schlägt, bilden sich an den Taxihaltestellen oft lange Warteschlangen. Vermeiden Sie es besser, dort zu diskutieren oder sich sogar nach vorne zu drängeln. Immer wieder passiert es, dass die Stimmung unter den ansonsten ruhigen und friedlichen Norwegern bei solchen Vorfällen in Aggression umschlägt und der Abend mit Schlägereien endet. Überlassen Sie diesen „Sport" den Einheimischen.

### IN KRITIK EINSTIMMEN

Wenn Sie mit Norwegern und Norwegerinnen ins Gespräch kommen, werden Sie schon bald viel Kritik an deren Heimat zu hören bekommen. An ihrem politischen System finden die Norweger augenscheinlich nicht viel Gutes, und viele meinen auch, das Königshaus sei antiquiert. Beachten Sie bitte: Kritik ist nur gut, solange sie von Landsleuten kommt. Von einem Ausländer verbittet man sich das, und Ihre Zustimmung hier kann peinliches Schweigen verursachen.

### IN EIN PIRATENTAXI STEIGEN

Wie alles in Oslo sind auch die Taxis teurer als in anderen europäischen Hauptstädten. Die „Pirattaxis" (Piratentaxis), die an strategisch günstigen Orten ihre Dienste anbieten, sollten Sie trotz der scheinbar günstigen Festpreise nicht benutzen. Es passiert immer wieder, dass Kunden ausgeraubt oder anderweitig drangsaliert werden.

### HANDELN

Oslo ist eine teure Stadt, und sie liegt nicht im Orient. Versuchen Sie gar nicht erst, über einen Preis zu verhandeln, Sie stoßen im besten Fall auf völliges Unverständnis – auch auf Märkten (einzige Ausnahme: Flohmärkte!). Die ausgewiesenen Preise werden bezahlt, so einfach ist das. Deshalb lohnt es sich, die Preise zu vergleichen, denn manche Angebote können selbst im europäischen Vergleich günstig sein.